天津志愿服务蓝皮书
Blue Book of Voluntary Services in Tianjin

天津志愿服务发展报告（2024）

ANNUAL REPORT ON THE DEVELOPMENT OF VOLUNTARY SERVICES IN TIANJIN (2024)

主　　编　钟会兵
执行主编　李培志

天津社会科学院出版社

图书在版编目（CIP）数据

天津志愿服务发展报告. 2024 / 钟会兵主编 ； 李培志执行主编. -- 天津 ： 天津社会科学院出版社, 2024. 12. --（天津志愿服务蓝皮书 / 钟会兵主编）. -- ISBN 978-7-5563-1059-3

Ⅰ. D669.3

中国国家版本馆 CIP 数据核字第 2025JJ1705 号

天津志愿服务发展报告. 2024

TIANJIN ZHIYUAN FUWU FAZHAN BAOGAO. 2024

责任编辑： 李思文

责任校对： 杜敬红

装帧设计： 高馨月

出版发行： 天津社会科学院出版社

地　　址： 天津市南开区迎水道 7 号

邮　　编： 300191

电　　话：（022）23360165

印　　刷： 雅迪云印（天津）科技有限公司

开　　本： 710×1000　　1/16

印　　张： 14

字　　数： 205 千字

版　　次： 2024 年 12 月第 1 版　　2024 年 12 月第 1 次印刷

定　　价： 88.00 元

前　言

志愿服务是社会文明进步的重要标志，是推动中国式现代化的重要力量。2024 年 4 月，中共中央办公厅、国务院办公厅印发《关于健全新时代志愿服务体系的意见》，对健全全面参与的志愿服务动员体系、精准高效的志愿服务供给体系、充满活力的志愿服务队伍组织体系、覆盖广泛的志愿服务阵地体系、特色鲜明的志愿文化体系、坚实有力的志愿服务支持保障体系等作出了重要部署，对促进志愿服务事业长远发展具有重要意义。天津深入贯彻落实习近平总书记关于志愿服务的一系列重要指示批示精神，推动志愿服务事业蓬勃发展，着力打造学雷锋“志愿之城”，充分发挥志愿服务在社会治理、民生改善、环境保护、应急管理、青年发展、科技服务、文化传承等领域中的重要作用，通过实践创新、理论创新扎实推进志愿服务体系建设，取得了显著成绩。

《天津志愿服务发展报告（2024）》由中共天津市委社会工作部指导，天津社会科学院社会学研究所、天津市新时代文明实践暨志愿服务研究中心组织编撰。《天津志愿服务发展报告（2024）》通过深入调研、广泛收集资料，力求全面反映天津志愿服务事业的最新发展动态和成就，客观分析天津志愿服务发展面临的挑战与不足，探寻天津志愿服务进一步发展的思路与对策。

《天津志愿服务发展报告（2024）》共收录了 20 篇研究报告，分为总报告、分报告、区域实践报告、党员志愿服务实践报告、志愿服务时间储蓄实践报告、“专业社工 + 志愿服务”融合发展实践报告以及案例报告七个部分。总报告为《2024 年天津志愿服务发展报告》；分报告包括《天津生态环境志愿服务发展报告》《天津应急志愿服务发展报告》《天津青年志愿服务发展报告》《天津科技志愿服务发展报告》《天津志愿服务平台发展报告》5 篇;区域实践报告包括《滨海新区志愿服务发展实践》《津南区志愿服务发展实践》2 篇;党员志愿服务实践报告包括《和平区“和平夜话”党员志愿服务发展实践》《河北区“党建超市”党员志愿服务发展实践》《南开区“悦来先锋”党员志愿服务发展实践》3 篇;志愿服务时间储蓄实践报告包括《红桥区三条石街道志愿服务时间储蓄发展实践》《武清区杨村街道志愿服务时间储蓄发展实践》2 篇;“专业社工 + 志愿服务”融合发展实践报告包括《滨海新区泰达街道华纳社区“社工 + 志愿者”志愿服务发展实践》《河东区大王庄街道信和苑社区“社工 + 志愿者”志愿服务发展实践》《西青区赤龙南街道佳和荣庭社区“社工 + 志愿者”志愿服务发展实践》3 篇;案例报告包括《周恩来邓颖超纪念馆志愿服务实践》《河东区青年志愿服务实践》《天津海河意式风情区志愿服务实践》《宁河区七里海生态保护志愿服务实践》4 篇。

值此《天津志愿服务发展报告(2024)》出版之际,感谢中共天津市委社会工作部以及各区党委社会工作部门的大力支持和帮助。感谢天津市生态环境局、天津市应急管理局、共青团天津市委员会、天津市科学技术协会、天津津云新媒体集团、周恩来邓颖超纪念馆、共青团河东区委员会、天津海河意式风情区管理委员会、河东区大王庄街道办事处、红桥区三条石街道党工委等单位的积极参与和大力支持。感谢中共天津市委社会工作部五处在调查研究、资料收集等方面给予的各种帮助。感谢天津社会科学院出版社老师们的辛勤付出。此外,还要感谢在天津志愿服务蓝皮书撰写与出版过程中给予支持与帮助的各界人士!

目　录

总　报　告

分　报　告

区域实践报告

党员志愿服务实践报告

志愿服务时间储蓄实践报告

“专业社工 + 志愿服务”融合发展实践报告

案例报告

总 报 告

2024 年天津志愿服务发展报告

天津社会科学院社会学研究所
天津市新时代文明实践暨志愿服务研究中心 联合课题组

摘　要： 天津深入贯彻习近平总书记关于志愿服务系列重要指示精神，积极落实《关于健全新时代志愿服务体系的意见》，加快健全全面参与的志愿服务动员体系、精准高效的志愿服务供给体系、充满活力的志愿服务队伍组织体系、覆盖广泛的志愿服务阵地体系、特色鲜明的志愿文化体系、坚实有力的志愿服务支持保障体系，取得了明显的进展。2025 年，将围绕深化新时代志愿服务体系建设，补齐短板，着力提高志愿服务多元化动员能力，加大志愿服务人才培养力度，深化志愿服务项目品牌打造，强化志愿服务激励保障，优化志愿服务活动设计和组织，促进志愿服务高质量发展，加快打造学雷锋"志愿之城"步伐。

关键词： 新时代志愿服务体系　志愿服务高质量发展　志愿精神

志愿服务是社会文明进步的重要标志，是新时代党引导动员人民群众贡献智慧力量、创造美好生活、实现奋斗目标的生动实践。2024 年，天津深入贯

本报告部分资料得到中共天津市委社会工作部的支持，特此感谢！

彻落实习近平总书记关于志愿服务的重要指示精神,积极落实中共中央办公厅、国务院办公厅《关于健全新时代志愿服务体系的意见》,大力弘扬奉献、友爱、互助、进步的志愿精神,以群众需要为出发点,通过开展试点探索和加快政策制度创新,着力推动志愿服务动员体系、供给体系、队伍组织体系、阵地体系、文化体系、支持保障体系建设,志愿服务事业发展呈现出新态势、新风貌、新气象,学雷锋"志愿之城"的成色越来越足。

一　2024 年天津志愿服务发展概况

2024 年以来,天津根据机构改革要求和志愿服务事业发展需要,健全志愿服务工作体制机制,增强对志愿服务事业发展的统筹协调能力。一方面,调整市志愿服务工作协调小组,形成党委社会工作部门牵头负责,各有关部门和群团组织履职尽责、联动高效的工作格局;另一方面,完成天津市志愿服务联合会转隶,汇聚推进志愿服务工作的强大合力。在此基础上,围绕健全新时代志愿服务体系推出多项政策举措,促使志愿服务事业在诸多方面取得了新进展。2024 年天津志愿服务问卷调查数据显示,居民对天津志愿服务评价较高,打 8 分(满分为 10 分)以上的受访者占 74.95%,平均分为 8.49 分。

(一)志愿服务动员能力逐步增强

在已有志愿服务动员的基础上,天津主要以试点形式探索了"社工 + 志愿"和"党建 + 志愿"。这两种试点的内容虽然涉及志愿服务的多个方面,但动员是其中重要的方面。"社工 + 志愿"工作模式试点分别在滨海新区泰达华纳社区、河西区桃源街道广顺园社区、河东区大王庄街道信和苑社区、西青区赤龙南街道佳和荣庭社区、宁河区芦台街道愉悦港湾社区、静海区朝阳街道金海园社区六个社区开展。在试点中,将社会工作的专业性和志愿者的广泛性相结合,实现优势互补,发挥社工对志愿服务的带动作用,推动志愿服务专业化、精准化、常态化,提高了志愿服务和社区治理的效率和质量,增强了社区动员志愿服务的能力。"党建 + 志愿"试点在和平、河北、南开、东丽四个区开展,分别是和平区的"和平夜话”实践活动、河北区的“党建超市”、南开区的“悦来先锋”志愿服务实践活动、东丽区的社区“关键实事”。四个试点各具特色,通过探索发挥党员带头模范作用的新做法,促使党员在志愿服务中的积极作用得到充分发挥,激发了社区居民参与志愿服务的热情,从而增强了志愿服务的活力。

(二)志愿服务供给更加充实精准

结合群众需求,推出志愿服务项目和各类主题志愿服务活动,使供给更加精准。一是根据调研收集的各社区需求,设计和推出志愿服务重点项目。2024 年 3 月,天津发布全市 2024 年度重点志愿服务项目 17 项,包括“点亮微心愿”帮扶困难群体、科技助农、健身项目推广等,涵盖面广、内容充实。项目有序实施满足了社区的多种需要,提高了群众生活品质。二是围绕节庆活动,开展丰富多彩的志愿服务活动。在“学雷锋活动月”期间,帮助基层群众实现“微心愿”7500 个,全市各行业、各领域、各区广泛发动党员、群众学雷锋、做志愿,开展各类志愿服务活动 1.1 万余场次。三是“邻里守望 · 小小志愿者进社区”主题志愿服务活动蓬勃开展。由中国志愿服务联合会指导,《中国志愿》杂志社主办的“邻里守望 · 小小志愿者进社区”主题志愿服务活动走进天津,各区、街镇、社区围绕主题,统一策划与个性化定制相结合,规范有序开展“小而美”的志愿服务活动。依托天津市志愿服务网、志愿天津微信小程序给小小志愿者记录了服务时长并颁发证书。四是助残志愿服务活动深化拓展。2024 年 10 月中旬至 11 月上旬,市残联、市委社会工作部、团市委组织各方力量,采取多种形式共同推广数字化无障碍环境建设。青年志愿者对天津海河旅游观光带(永乐桥至赤峰桥约 5.6 千米地段)两岸无障碍设施等 131 个无障碍设施点位进行相关信息采集,标注到“融畅”应用程序的无障碍导向标识系统,让残疾人朋友能够选择最优、最快的无障碍出行路线抵达景观观赏点位。在津湾广场组织“津志集”——志愿助残专场活动,弘扬扶残助残传统美德,推介优秀志愿助残团队和优秀志愿助残项目。在天津市志愿助残平台建设“数字化无障碍环境建设志愿助残项目专区”,建立“数字化无障碍环境建设助残志愿者”数据库,形成专业的助残志愿服务队伍。

(三)志愿服务队伍组织持续壮大

截至2024 年 12 月,全市注册志愿者 306.32 万人,达到常住人口的22.27%。性别分布均衡,男性占 51.22%,女性占 48.78%;年龄结构合理,18~60 周岁占75.48%(具体见表1)。注册志愿服务团队 2.66 万余支,每月活跃志愿服务团队数量占总团队数量比例保持在 85.3%。各区积极建设志愿服务团队,先后组建学习宣传、文化健身、互帮互助、文明风尚、应急响应等区级志愿服务队 4000 余支。从具体领域来看,在册群防群治力量 58.9 万余人,其中网格员 2.2 万余人。科技志愿服务组织有4400 个、志愿者 18.8 万人。助老志愿服务组织有 3719 个,志愿者 7.5 万多名。市红十字会有志愿服务队 240 支,志愿者 7.5 万人。市卫生健康行业在天津志愿服务网上注册有 42 支基层医疗志愿服务小分队。巾帼志愿服务队伍有 4000 余支,活跃志愿者 19 万余人。退役军人事务局志愿服务采取"16 + N"模式,成立"戎耀津沽"退役军人志愿服务总队及所属团队,现有志愿团队 3000 余支。全市应急志愿团队 27 支,5000 余人。市国资系统共有志愿服务团队 290 个,其中已注册团队 215 个,已注册志愿者 69841 人。市交通运输系统共有 14 支志愿服务团队。全市 16 个区和 5 个功能区生态环境部门分别组建了生态环境志愿服务支队。

表1　天津市注册志愿者基本特征(截至 2024 年 12 月)

基本特征		人数(万人)	占比(%)
性别	男	156.91	51.22
	女	149.41	48.78
年龄	18 周岁以下	16.76	5.47
	19~35 周岁	107.18	34.99
	36~60 周岁	124.03	40.49
	61 周岁及以上	58.35	19.05

（四）志愿服务阵地更加丰富齐全

天津积极推进志愿服务阵地建设，为志愿服务活动组织、项目孵化等提供丰富的载体。2024 年 6 月，在天津市第二工人文化宫设立志愿服务项目孵化基地（天津）。基地占地 360 亩，按照“一个基地，多项功能、集约服务”的方向，设置共享办公、宣传展示、会议活动、便民服务、综合服务、运营管理、休闲娱乐七大区域。基地实行党委统筹领导、社会各方参与、专业组织管理、富有天津特色的运行新模式。基地面向全市征集志愿服务孵化项目和能够反映天津志愿服务发展历程、社会各界参与和推动志愿服务发展的实物作品、非遗产品、文创产品；开展天津市志愿服务创意设计大赛，征集文创产品和志愿服务形象 IP 设计。志愿服务公益市集“津志集”首场活动在基地举办，活动吸引了来自街道社区、机关企事业单位、高校等 53 个志愿服务组织参加。在活动中，对志愿者制作的手工艺品、文创产品、非遗作品等进行义卖，首场义卖收入全部进入社区公益基金，用于支持社区志愿服务。天津推动各文博场馆、院校、企事业单位、“两新”组织中广泛建立志愿服务基地，市文联在各区建立“艺术家实践基地”30 余个，建成覆盖交通场站、公园景区、街道社区、公共文化设施等场所的志愿服务岗站升级版——“天津 V 站”253 个。

（五）志愿服务文化氛围更加浓厚

随着天津志愿文化宣传阐释和理论研究日益深入，志愿服务文化基础更加厚实，文化氛围更加浓郁。一是推出《天津志愿服务蓝皮书（2023）》。2024 年 3 月 4 日，在“百姓志愿 百姓实践 百姓美好生活”志愿服务主题活动现场，《天津志愿服务蓝皮书（2023）》正式发布。该书系统总结了天津志愿服务发展实践，理论联系实际，提出促进天津志愿服务高质量发展的对策建议，不仅推动了天津志愿服务发展，而且充实了天津志愿服务文化。二是加强新时代志愿服务宣传交流。《关于健全新时代志愿服务体系的意见》（以下简称《意见》）实施以来，《中国志愿》连续四期刊发天津志愿组织和志愿者的心声。《天津日报》要闻版刊发《意见》全文，天津志愿服务网开设网络专题版块，发表对《意见》的专家解读、评论文章、志愿者反响。天津市新时代文明实践暨志愿服务研究中心组织专家学者对《意见》进行交流研讨,纳入社区工作者示范培训班授课内容。市委社会工作部有关人员参加人民网访谈节目录制,畅谈对《意见》的学习体会和贯彻落实举措。三是开展志愿服务实践问题研究。志愿服务项目孵化基地链接职工宣传教育文化中心、志愿服务研究中心等优质资源,逐渐探索孵化基地提供优质精品项目、职宣中心提供实践学习平台、研究中心提供人才智力支持的"产学研"融会贯通发展之路。基于全市志愿服务项目大赛,建立起拥有 100 个服务项目的项目库,形成《百姓志愿 百姓实践 百姓美好生活——天津市优秀志愿服务项目案例集》,围绕"完善志愿服务动员体系研究""坚持党建引领、促进社会工作和志愿服务深度融合研究"等课题开展调研,形成调研报告。调查数据显示,居民对志愿服务的社会认可度达到较高水平,在志愿服务有用程度评价中,有 72.64% 的受访者打了满分(10 分),平均分为 9.2 分。居民对志愿服务的认识也处于较高水平。对志愿服务有助于个人发展、缓解社会矛盾、社会治理、激发社会活力、增强社会凝聚力、社会文明进步表示非常同意和比较同意的受访者占比分别为 89.8%、92.3%、93.1%、92.8%、93.6%、94.3%。在参加志愿服务的主要原因中,受访者选择比例在一半以上的是"帮助他人、服务社会"(67.13%)和"获得快乐"(51.01%),从一个侧面说明志愿服务文化在社会上产生了较大影响。

(六)志愿服务支持保障更加有力

天津在实践探索和制度建设上同时发力,加强志愿服务的激励和保障。在实践探索方面,开展志愿服务"时间储蓄"试点,探索志愿服务激励新模式。2024 年,在津南区海棠街、北辰区集贤里街、武清区杨村街、宝坻区新开口镇、蓟州区文昌街五个街镇开展"时间储蓄"激励模式试点。志愿服务"时间储蓄"是把志愿服务的时长记录下来,志愿者可以用之于兑换所需的物品或志愿服务。这种激励方式调动了群众参加志愿服务的积极性,也增强了志愿者开展志愿服务的活力。在制度建设方面,2024 年 10 月印发《天津市志愿服务激励嘉许办法(试行)》(以下简称《办法》)。《办法》规定的激励嘉许方式主要包括:按服务时长认证星级志愿者、表彰和奖励成绩突出的志愿者和志愿服务组织、推选志愿服务先进典型、宣传报道志愿服务先进典型及感人事迹、将志愿服务信息纳入天津市自然人公共信用评价指标体系、将学生参加志愿服务情况纳入评优评奖体系和社会实践学分管理等;礼遇优待方式主要包括:把志愿服务作为相关评先评优的重要参考、在需要志愿服务时予以优先安排、对星级志愿者给予适当票价优惠、对星级志愿者给予体检等基础项目费用优惠等。针对志愿服务保障,《办法》规定了志愿服务组织可根据实际需要和自身条件为志愿者办理相应的保险、申领天津志愿者证获得一份志愿者意外伤害保险、特定志愿服务活动应当为志愿者购买相应的人身意外伤害保险。《办法》充实了志愿服务的激励保障措施,进一步健全了保障志愿服务安全开展的制度依据,为志愿服务发展造了良好的制度环境。

(七)新时代文明实践志愿服务特色凸显

新时代文明实践中心(所、站)持之以恒开展志愿服务活动,宣讲活动和歌唱祖国是本年度的突出特色。一是深入开展新时代文明实践“千人万讲”活动。组织各区动员千名优秀文明实践宣讲员和新时代文明实践站站长(或工作人员)走进基层、深入群众开展宣讲,形成千名优秀宣讲员开展万场宣讲和千名站长开展万场宣讲的强大声势。二是组织群众性歌咏大赛。2024 年 8 月 22 日,在津湾大剧院举办的“海河之声——强国复兴有我 歌唱伟大祖国”天津市群众性歌咏大赛启动仪式暨市国资系统歌咏选拔赛,有全市道德模范、劳动模范、身边好人、市民群众等代表近千人参加。各区依托新时代文明实践中心(所、站),开展分站选拔赛暨“我在新时代文明实践中心歌唱祖国”主题活动。选出 75 支优秀团队,在海河传媒中心演播厅逐一登台表演、录制,从 2024 年 9 月中旬到 10 月 5 日连续在天视文艺频道展播,唱响爱国之声。三是开展“共祝祖国好 幸福舞起来”广场舞大赛。参赛队伍 800 余支、近 2 万人,创历史新高。全部 14 场线下海选及 170 支决赛队伍的节目录制,从 2024 年 9 月 1 日至 10 月 5 日,在天津文艺频道展播。四是组织天津市“歌唱祖国”主题音乐会。组织王莘合唱团等 7 个合唱团体在津湾大剧院倾情演出,突出群众特色,以情景再现的形式重唱歌唱祖国等近20首经典曲目,用歌声来纪念昨日、歌颂当下、展望未来,共同祝愿伟大的祖国繁荣昌盛。主题音乐会于2024年9月18日晚在津湾大剧院上演后,到各区新时代文明实践中心巡演。五是推进"我们的节日"系列活动。组织举办"云河星度万古同——2024我们的节日·七夕诗会"主题活动,以诗词为媒,连接"诗词七夕"的浪漫情怀、"诗词天津"的人文情怀、"诗词中国"的爱国情怀,持续推动中华优秀传统文化传承发展;组织举办"彩云邀月醉金秋——2024我们的节日·中秋诗会",设置"古韵流芳情韵长""月盈家和共欢颜""国昌月满映华光"三个篇章,融传统文化、团圆幸福、家国情怀于一体,以诗会的形式与广大市民共同感受传统节日的文化魅力。

(八)志愿服务特色品牌更加突出

各领域建设具有专业特长的志愿服务队伍,营造特色志愿服务品牌。市民政局等八部门持续推进"寸草心、手足情"助老志愿服务品牌活动,累计开展1.1万余次为老服务活动,受益老人近35万人次,品牌影响力不断扩大。教育系统开展2024年"青春心向党,奋进新征程"新时代·实践行系列活动暨"青年红色筑梦之旅"主题实践活动、思想政治理论主题宣讲等品牌活动。市总工会组织"劳模宣讲团"等开展理论宣讲、助力乡村振兴等志愿服务品牌活动。市妇联聚焦理论宣讲、关爱帮扶、体育健身等七大类项目,通过"巾帼志愿+"模式,深入开展"巾帼志愿关爱行"品牌活动。市文联深入开展"天津市文联文艺创宣志愿服务团"品牌建设,紧紧围绕党和国家的大事喜事要事和各类节庆日策划开展主题文艺志愿服务活动,持续开展"天津市高校戏曲联盟"品牌活动,丰富基层群众文化生活。市科协精心指导区科协打造"科普星期六""惠民兴县"等服务品牌,充分发挥品牌示范作用。市发改委组织开展"践行天津市文明行为促进条例、学雷锋做雷锋发改志愿行"等系列特色活动。市退役军人事务局组织1000余名"戎耀津沽"志愿者走进校园开展国防教育、协助校园军训。天津市胸科医院打造心肺复苏急救志愿服务项目,活动覆盖全市16个区,服务690余次,受益3万余人次。天津地铁"红铆钉"志愿服务团队大力开展安全乘车保障、文明出行倡导和爱心帮扶救助,打造了持久稳定、社会影响力强的志愿服务品牌。2024 年 3 月,天津地铁“红铆钉”志愿服务总队入选第九批全国学雷锋活动示范点。

(九)国际志愿服务迈出新步伐

随着天津文旅发展和国际交流活动增多,国际志愿服务快速发展。2024年,天津依托意式风情区和“万国建筑博览会”五大道文化旅游区等百余处历史风貌建筑,引入专业社会组织协助管理,提供志愿服务实践岗位,推出“嵌入式大学生志愿服务体系融入国际化街区发展项目”,创立“中意青年创新计划”“中意非遗工坊”等街区类国际文化交流传播项目。其中,“意风益行”志愿服务队有国际留学生志愿者 20 余人,主要服务内容为国际文化交流宣传、外语服务、景区讲解等,上岗服务 1000 人次,服务时长超 3000 小时,每年服务中外游客近万人。国际志愿服务在促进文化交流,展示天津城市形象、提升天津影响力等方面发挥了重要作用。

(十)优秀志愿服务组织获得国家荣誉

天津志愿服务组织——天津阳光义工爱心社被中共中央、国务院授予“全国民族团结进步模范集体”荣誉称号。该组织通过线上线下多种途径,发展爱心人士,寻找需要帮扶的困难群众,并采用一对一结对子认亲的精准帮扶模式。在整个结亲帮扶过程中,将扶贫与扶志、扶智相结合,解决困难问题,促进共同富裕。截至 2024 年 8 月,通过该组织的帮扶平台,共带动 1600 多位爱心企业家和爱心人士结对子认亲帮扶新疆、西藏学子 10845 人,帮扶困难大学生 2418 人,帮扶特困单亲母亲 6700 多人,帮扶孤儿 1036 人,帮扶孤寡老人 742 人,帮扶农民工 4800 多人,开展志愿服务活动 2100 多次,累计投入帮扶资金 1.61 亿元。

二　天津志愿服务事业发展面临的问题

天津志愿服务事业持续推进,服务能力和效益全面增强,但是与新时代社会发展的要求和人民群众对志愿服务的期待相比,志愿服务事业还存在一些差距。有针对性地消除这些差距、不断满足群众期待,是今后志愿服务事业发展必须解决的问题。

(一)志愿服务动员不够丰富高效

在经过一段时间持续动员志愿服务之后,参加志愿服务的人群逐渐变得固定,成为制约志愿服务发展的瓶颈,而对于仍未参加志愿服务的人群,已有动员方式难以奏效,因而有效动员更多的人加入志愿服务队伍成为志愿服务发展面临的难题。调查数据显示,受访者对志愿服务动员表示非常满意的占52.08%,比较满意的占34.12%,一般满意的占12.80%。“您认为当前天津志愿服务存在的问题主要有哪些”的回答中,有27.04%选择了“志愿服务动员不足”。“您认为当前志愿服务动员存在的问题”的回答中,选择比例占前五位的分别是“志愿服务项目或活动缺乏吸引力”(38.81%)、“动员宣传不到位”(32.42%)、“动员形式单一”(31.10%)、“动员覆盖面不够广”(30.68%)、“动员方法缺乏针对性”(20.08%)。(具体见图1)由此可见,志愿服务动员在宣传、形式、方法、覆盖面等方面都需要加强。

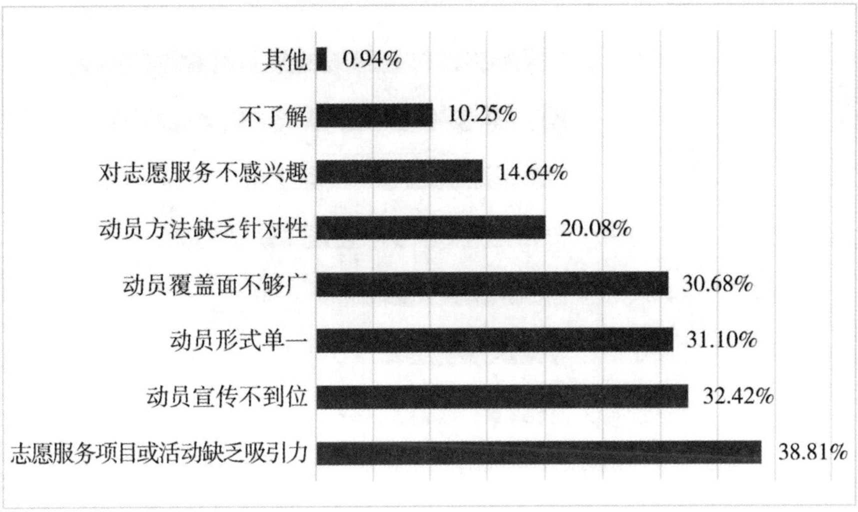

图1 “您认为当前志愿服务动员存在的问题”回答比例

（二）志愿服务管理人才相对短缺

在志愿者队伍中，具备志愿服务组织管理技能的人才偏少，志愿服务组织管理基本凭借原有工作经验，专业性和科学性相对淡薄，在很大程度上造成志愿服务活动组织效能低，活动效果不理想。在志愿服务组织中，虽然有组织管理人员，但是其中真正懂得志愿服务组织管理的人才也相对稀缺，不仅影响志愿服务活动的质量，而且制约了志愿服务组织的发展。随着志愿服务事业的发展，志愿服务培训日渐增多，但是针对志愿服务组织管理的培训仍较少，受过培训的志愿者的管理技能在一定程度上不能满足工作需要。从调查数据来看，参加过志愿服务活动和项目管理培训的受访者不到一半。（具体见图2）关于组织管理的培训内容以知识为主，技能训练偏少，因而培训结果也离具有专业组织管理能力的人才目标有一定的差距。

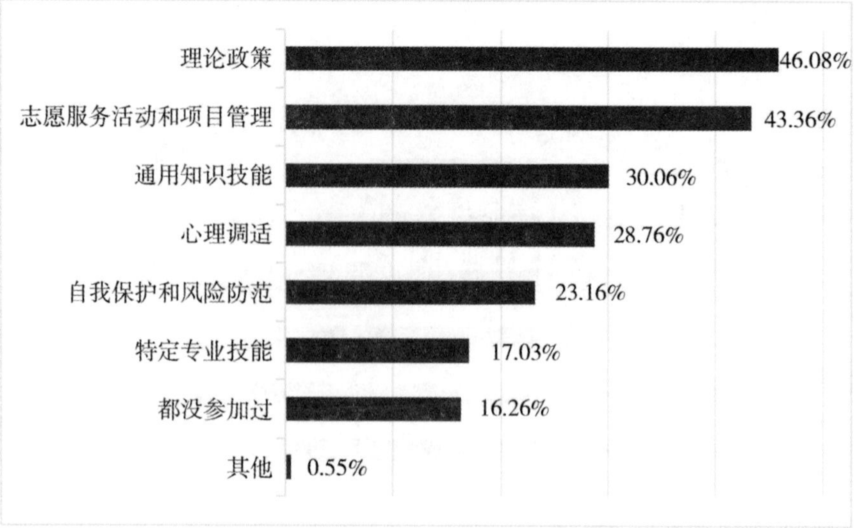

图 2　受访者参与过的志愿服务培训

(三)志愿服务项目品牌影响力不强

虽然天津志愿服务项目不断丰富,项目的质量也在逐步提高,但是有影响的项目品牌数量和种类仍然偏少,主题鲜明、独具特色、群众欢迎并且在全市有巨大影响力的志愿服务优秀项目较少,在全国有影响的可持续的优秀项目数更少。项目品牌影响力是项目质量的重要标志,这种情况说明志愿服务项目不能高水平满足群众的需求。在打造项目品牌影响力方面,存在积极性和创造性欠缺、一些项目可持续性不强、有的项目管理方法相对欠缺等问题,导致打造项目品牌速度较为缓慢,在产生小范围影响力之后往往遇到难以突破的瓶颈,品牌的维持和提升面临困境。

(四)志愿服务激励保障相对不足

在实践中,激励和保障不足问题在一定程度上存在并且是影响志愿服务参与和活力的因素。调查数据显示,对“您认为当前天津志愿服务存在的问题主要有哪些”的回答中,有 37.95% 的受访者选择了“志愿服务激励不足”,

28.13%选择了“志愿者保障不足”，分别排在第二位和第四位。在“受访者对影响参与志愿服务积极性的因素”的选择中，“激励不足”和“保障不足”居前两位，其中选择“激励不足”的受访者占将近一半，选择“保障不足”的受访者占三分之一以上。（见图3）志愿服务激励保障措施的出台，强化了志愿服务激励保障，但是激励保障措施内容并不为志愿者和群众所周知。作为提供激励物质或待遇主体的景区管理部门和医院等机构，对激励保障并不完全知晓。同时，“时间储蓄”等试点在激励保障志愿服务方面取得的经验，尚未及时总结和推广、在更大范围发挥积极作用。

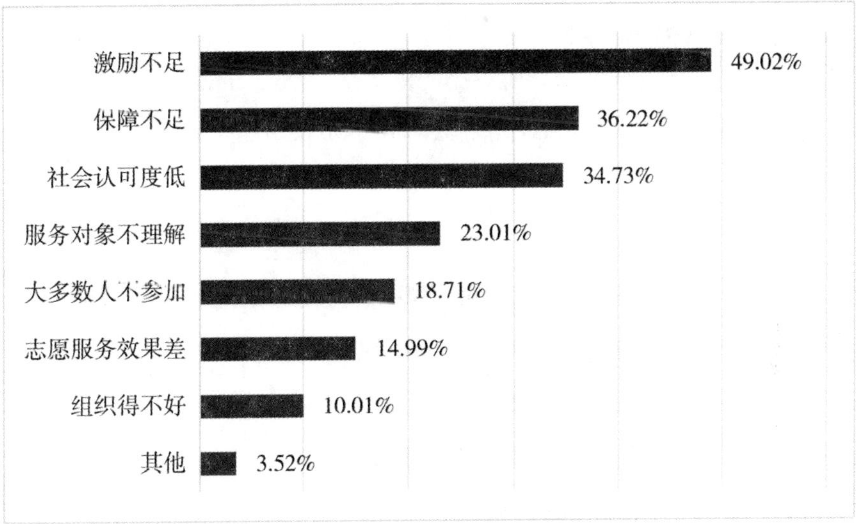

图3　影响受访者参与志愿服务积极性的因素

三　2025年天津志愿服务发展建议

天津志愿服务持续快速发展和不断探索创新，形成了良好的发展态势。2025年志愿服务发展继续坚持问题导向、目标导向、结果导向，既要按照学雷锋“志愿之城”建设要求全面推进，又要重点补齐发展中的短板，为志愿服务发展蕴蓄强劲动力，增进发展的效能。

(一)提高志愿服务多元化动员能力

拓展社会动员渠道,积极引导和鼓励混合所有制企业、非公有制企业以及新经济组织、新社会组织、新就业群体参与志愿服务。发挥网络平台和各种信息载体作用,优化网络动员方式,加强线上线下互动,为群众获取志愿服务动员提供更多更便捷的渠道。完善常态化动员模式和机制,加强动员的广泛性,做到动员工作对可参加志愿服务人群全覆盖。结合实际开展新动员方法的试点工作,及时总结试点的经验,探索可推广的动员模式。注重多种动员方式灵活运用,根据不同志愿服务活动和不同动员对象的特点,选择一种或多种动员方式,增强动员的针对性,提升动员效能。调查数据显示,受访者认为对自己来说最有效的动员方式的选择所占比例依次是“党员干部带头”“居(村)委会动员”“工作单位动员”“志愿服务组织动员”“学校组织”“志愿者动员”。(具体见图4)

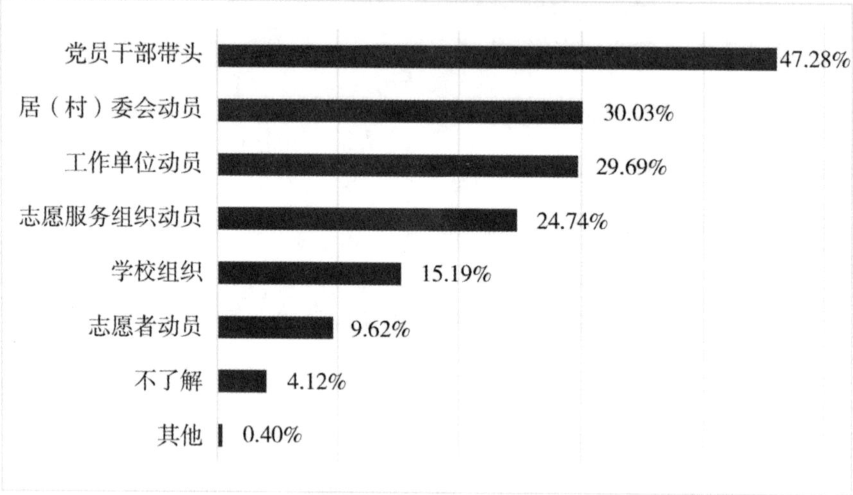

图4 受访者认为最有效的志愿服务动员方式

(二)加大志愿服务管理人才培养力度

在志愿服务常态化培训中,设置理论知识与实践技能相结合的课程,普及志愿服务组织管理的知识技能。充分了解志愿服务组织管理者的紧迫需求和面临的难题,举办针对性培训活动。根据兴趣和条件,遴选一批有组织管理潜力的志愿者,开展系统的组织管理专题培训。引导志愿服务组织发掘和培育组织人才,优化组织管理人才的选拔和使用机制,让具有组织管理才能的人承担志愿服务组织的管理工作,提高志愿服务组织的服务和发展能力。根据实际需要编写志愿服务管理工作理论与实务类书籍,为志愿服务组织管理工作提供流程指引和方法参考。

(三)深化志愿服务项目品牌打造

常态化组织优秀志愿服务项目评选,支持优秀项目向品牌发展。发掘有发展潜力的项目,进行全方位培育。适时开展项目服务对象的满意度调查,及时发现项目设计和实施中存在的不足;通过项目参与者与专家共同研讨等方式为解决项目发展中面临的问题提供方案,推动项目的服务质量和知名度提升。举行项目品牌打造经验交流会,分享成功经验,互相学习和借鉴;实地考察外省市打造项目品牌的先进做法,结合本地实际优化打造项目品牌的思路和策略,系统提高项目品牌打造能力。加大对全国叫得响项目品牌的经验总结和宣传力度,充分发挥示范带动作用。

(四)强化志愿服务激励保障

利用各种渠道宣传激励保障制度和措施,让全社会切实知晓志愿服务激励保障内容及其获得方式,真正对志愿者起到激励保障作用。健全与景区、医院等提供激励的主体对接和协同机制,凝聚支持志愿服务事业共识,实现严格按照制度规则兑现激励,使志愿者只要具备条件就能够顺畅地获得相应的礼遇。及时调查评估激励保障制度和措施的实施效果,根据评估结果进一步创新和丰富激励保障机制,提升激励保障的效力,从而提高志愿服务参与度和活跃度,促进志愿服务事业健康有序发展。调查数据显示,在对哪种激励有效的回答中,受访者选择“对星级志愿者给予适当票价优惠”的占比最高,为37.64%。(见图5)受访者在对“您认为开展志愿服务需要什么保障”的回答中，一半以上受访者选择“提供餐饮或误餐补贴”，超过40%选择“交通补贴”“相关培训”。（见图6）参考调查结果，根据多元化和个性化需求设计激励和保障，有利于提高激励和保障的精准度和效能。

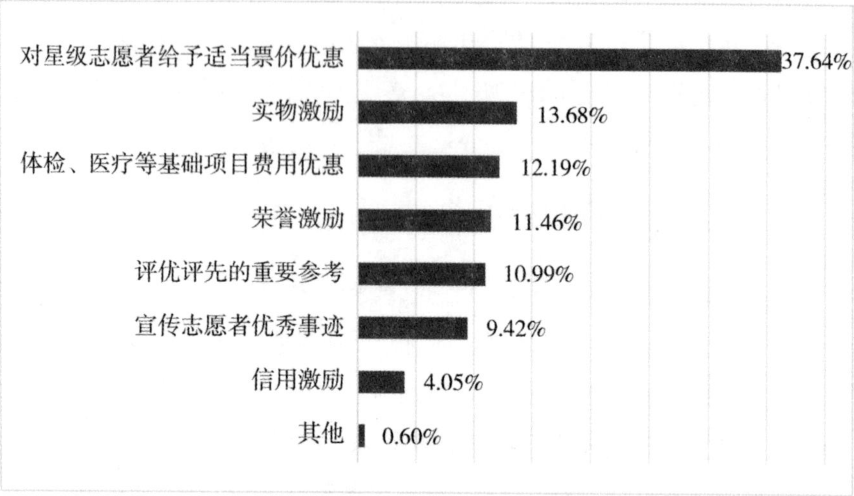

图5　受访者认为最有效激励方式

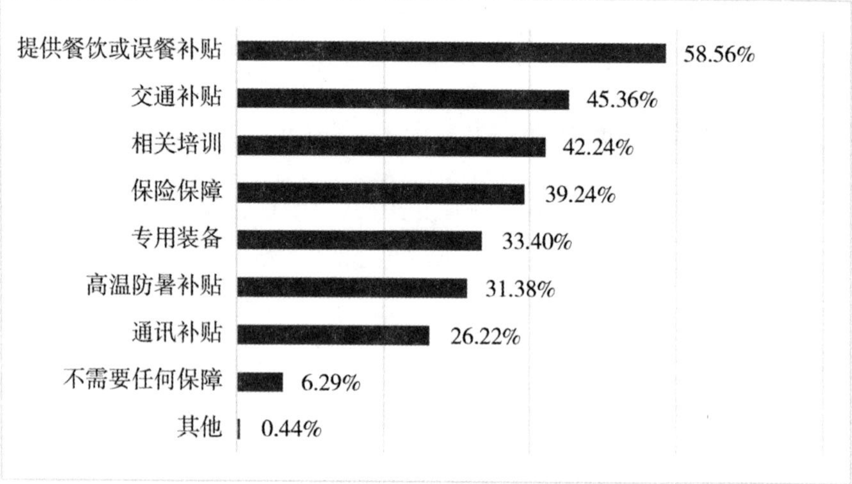

图6　受访者对开展志愿服务需要保障的看法

（五）提升志愿服务活动组织水平

志愿服务的效果在很大程度上取决于志愿服务活动的组织水平。科学合理地组织志愿服务活动可以调动志愿服务的积极性，大幅提高群众参与率和服务效能。调查数据显示，群众对一起开展志愿服务的人存在偏好差异。在对愿意一起开展志愿服务的人的选择中，选择“同事”的受访者占50.91%、选择“朋友”的占46.79%、选择“同社区的人”的占39.51%、选择“家人”的占37.05%、选择“居（村）委会人员”的占35.68%、选择“社工”的占23.81%、选择“同学”的占23.50%。在志愿服务的时间上，最希望在“周末”和“任何时间都行”的比例均在30%以上，选择“工作日下班后”“节假日”的比例均超过了20%。（见图7）在志愿服务时长上，受访者选择“1—2小时”“2—3小时”“半天”的比例居前三位，均超过了20%。（见图8）志愿服务组织者在安排志愿服务活动时，要充分考虑群众参与志愿服务的伙伴、时间和时长意愿，从而最大限度地让有条件的群众参与志愿服务。

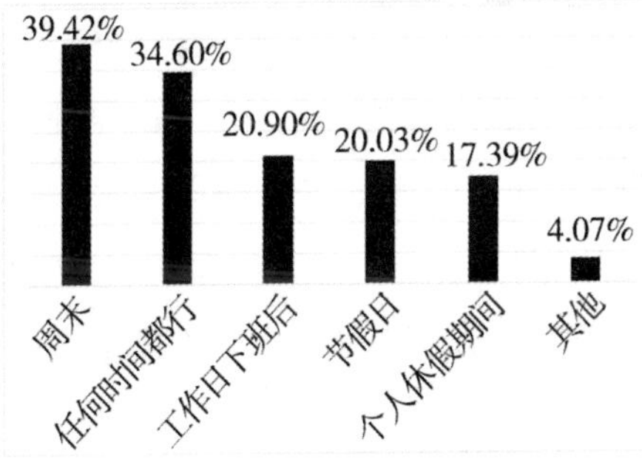

图7　最希望参与志愿服务的时间

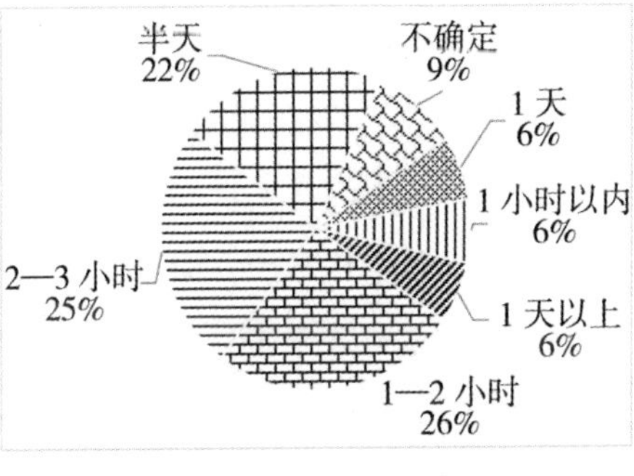

图8　希望一次参与志愿服务的时长

执笔人：天津社会科学院社会学研究所、
社会治理研究中心研究员　王光荣

分 报 告

天津生态环境志愿服务发展报告

邵伟航　天津社会科学院社会学研究所助理研究员

摘　要： 生态环境志愿服务既是纵深推进生态文明建设的重要手段，也是加快推进人与自然和谐共生现代化的有力抓手。近年来，天津结合本土特色和资源优势，在制度体系建设、志愿队伍建设、思想理论宣讲、生态环境教育、鼓励公众参与等方面做出积极探索和实践创新，取得了显著成效。但与新时代对生态文明建设和志愿服务发展的新要求相比，在宣传推广、专业化程度、公众参与频次、激励保障机制等方面仍有较大提升空间。为进一步推动天津生态环境志愿服务高质量发展，应进一步加强生态环境志愿服务宣传推广，提升生态环境志愿服务专业水平，打造更多特色项目吸引公众积极参与，健全生态环境志愿服务激励保障机制。

关键词： 生态文明　生态环境保护　生态环境志愿服务

生态环境志愿服务是我国志愿服务体系的重要组成部分，也是新形势下

本报告部分资料得到天津市生态环境局和天津市生态环境志愿服务联盟的支持，特此感谢！

构建现代环境治理体系、纵深推进生态文明建设的重要抓手和有效途径。党的十八大以来，党中央和国务院高度重视生态环境保护和志愿服务事业发展，从制度建设和具体实践着手，双轮驱动我国生态环境志愿服务事业稳步前行。天津深入贯彻落实习近平生态文明思想，围绕美丽天津建设和生态环境保护目标，充分发挥政府牵引、组织统筹、公众参与的多元主体作用，逐步形成支撑、服务生态环境质量不断向好的新生力量体系，推动生态环境志愿服务事业不断向深发展。

一　天津生态环境志愿服务发展现状

（一）生态环境志愿服务政策环境不断优化

天津生态环境志愿服务发展始终与国家目标和要求同频共振。为深入贯彻落实习近平生态文明思想，扎实推进生态环境志愿服务在津沽大地落地生根，天津出台了一系列制度文件，保障生态环境志愿服务制度化、规范化、常态化发展。

2021 年，出台《天津市“美丽中国，我是行动者”提升公民生态文明意识行动计划（2021—2025 年）》，提出推动构建现代环境治理全民行动体系，并将习近平生态文明思想宣传、生态文明建设新闻宣传、生态文明建设社会动员、生态文明教育、全民行动体系构建、生态文明宣传方式创新六方面列为重点任务，旨在推动生态环境志愿服务与新时代文明实践相融合。2022 年，天津市生态环境局联合市文明办、共青团天津市委共同印发《关于全面推进天津市生态环境志愿服务工作的实施意见》，明确了宣讲习近平生态文明思想、宣传解读生态环境保护政策、开展生态环境宣传教育和科普活动、加强生态环境社会监督和推动公众参与绿色低碳实践等核心内容，并从队伍建设、服务管理、制度建设、保障措施等方面部署相关工作，为生态环境志愿服务工作在天津落地扎根提供行动纲领。2022 年 11 月，《天津市生态文明教育促进条例》（以下简称《条例》）出台，在制度设计上着力体现“生态文明教育是全社会的共同责任”

这一重要立法理念,鼓励单位和个人参与生态文明教育活动。鼓励工会、共青团、妇联等人民团体加强对职工、青少年、妇女等群体的生态文明教育;鼓励单位和个人以捐助、捐赠、志愿服务等方式支持、参与生态文明教育活动。

(二)生态环境志愿服务资源不断整合

加强队伍建设是生态环境志愿服务高质量发展的重要支撑,动员整合生态环境志愿服务队伍是其内在要求。为更好聚合生态环境志愿服务资源形成合力,2024 年初,天津成立"天津市生态环境志愿服务联盟"(以下简称"联盟"),对天津现有生态环境志愿者和志愿服务组织进行整合,吸纳了生态环境领域志愿服务组织、团队 30 余家,优秀志愿者(国家级和市级)10 余名,联盟各单位核心志愿服务团队成员二三百人。

联盟积极发挥其组织、协调的桥梁作用,从加强宣传、拓展媒介、组织活动等维度推动生态环境志愿服务纵深发展。截至 2024 年 6 月,联盟已推动成员单位开展志愿服务活动 80 余场,组织大型生态环境志愿服务活动 40 余场,包括开展常态化志愿服务活动,如河岸清洁、植绿护绿、宣传教育、无废城市建设等,累计为 15 万人提供志愿服务;开办联盟公众号和视频号,公众号关注人数 580 人,发布文章 86 篇,总阅读量 5016 人次。联盟的成立是天津对生态环境志愿服务队伍建设的一次有效探索,推动生态环境志愿服务队伍规模化发展,通过对各类志愿服务组织和个人进行串联,促进生态文明建设可持续发展。

(三)习近平生态文明思想宣讲深入推进

加强习近平生态文明思想理论宣讲是生态环境志愿服务事业发展中的重要工作内容。通过在媒体、社交平台和公共活动中持续加强习近平生态文明思想的宣传引导,不断营造浓厚的生态环境保护氛围。

一是组建志愿宣讲团体。共青团天津市委积极组建"青年讲师团""红领巾巡讲团"等宣讲团体,将习近平生态文明思想纳入重点宣讲主题,引导青少年读懂"绿水青山就是金山银山"理念,牢固树立生态文明意识。二是开展生态文明讲堂。天津市生态道德教育促进会积极开展"生态文明大讲堂",在低碳日、地球日等生态环境保护重要时间节点，向和平区昆明路小学、和平区一中、第九十中学和津南区政府等单位的千余名职工、干部宣传生态文明理念、阐释习近平生态文明思想、明晰生态文明内涵，以讲促学全方位宣传习近平生态文明思想。三是积极创新宣讲模式。天津生态环境志愿服务工作注重将习近平生态文明思想与当下社会关切的生态环境问题有机结合，推进习近平生态文明思想进学校、进社区、进家庭。例如，河东区教育系统积极推动青润直沽教研志愿队发挥先锋模范作用，利用全国低碳日等重要时间节点，围绕“绿色转型，节能攻坚”和“绿色低碳，美丽中国”主题，开展“国际家庭日”生态文明教育、2024 年全国节能宣传周、全国低碳日环保科普联合宣讲。为推动习近平生态文明思想更好走进社区和家庭，河东区惠邻社会工作服务中心联合河东区生态环境局以及生态环保类志愿服务组织，深入河东区大王庄街道和社区基层，针对社区青少年及家长开展“德”到学堂系列环保科普类课程。

（四）生态环境宣传教育与科学普及扎实开展

生态环境宣传教育和科学普及是生态环境志愿服务的另一项重要内容。天津围绕污染防治、生态保护、绿色发展、无废城市建设等美丽中国建设中的重要工作和群众关切的环境问题，在学校、社区和媒体上开展环境教育项目和相关活动及宣传，不断提高公众对环境保护的认识，引导人们选择更加绿色低碳的生活方式和消费模式。

在生态环境宣传教育方面，一方面，天津团市委积极打造生态实践研学活动，组织青少年走进公园和绿地、自然博物馆、城市垃圾污水处理厂、垃圾分类展览馆等生态环境保护相关场所，通过开展劳动实践、科学探索、科技体验等活动，不断加强青少年对生态环境保护的意识和行动力。另一方面，天津各行政区也积极开展环境日科普宣传活动。例如，天津市生态道德教育促进会联合天津市生态环境局、滨海新区生态环境局主办“国际生物多样性日”活动，以寓教于乐的形式广泛宣传海洋生物多样性保护的重要性，以及碱蓬卓改善滨海新区盐碱地、湿地环境的重要性。此外，促进会积极承办滨海新区“六五环境日活动”，通过开展一系列丰富多彩的无废城市介绍、环保主题演讲、绿色低碳手工作品展示、环保文艺表演以及知识问答等活动,让大家感受到生态环境保护的重要性。

为推进生态环境保护的宣教及科普工作,天津积极推进科普基地建设,搭建环保宣教活动平台。目前,天津已拥有无废城市科普体验馆、天津商业大学青少年创客科普基地等多家科普基地。其中,同创云科—易分宝团队在滨海新区、西青区、津南区等地深入开展垃圾分类、无废城市宣教工作,打造了天津市目前唯一一个无废城市科普体验馆、天津市第一个无废细胞。截至2024年6月,体验馆已接待来访人员近500余人次,社区居民、学生、志愿者等各种团体来访交流,同创云科团队打造的“无废大脑”得到生态环境部的高度认可。

(五)生态环境志愿服务公众参与不断增强

保护生态环境是公众共同参与、共同享有的事业,每个人都是生态环境的守护者、建设者和受益者。天津积极组织公众参与河流清洁、植树造林、城市绿化、海滩净化等志愿服务活动,充分激发公众参与生态环境保护的内生动力。

2015年,万全小学成立和美志愿服务队,开展以环境保护等为代表的十大类志愿服务活动,截至2024年9月,已带动3万人次参与生态环境志愿服务。学校通过党带团、带队的形式,以学校、社区、社会为主要阵地,成立“和美学子”“和美教师”“和美家长”志愿服务分队,三支分队各有侧重又互相联动,共同厚植志愿服务精神。2024年以来,天津持续性开展“美丽海湾　我在行动”公益净滩活动,组织、动员公众广泛参与生态环境治理。2024年3月,天津市生态道德教育促进会与生态环境部海河北海局、共青团天津市委、天津经济技术开发区环境保护协会等单位组成200余人的志愿服务队伍,沿着1.8千米的滩涂岸线清理垃圾,当天共捡拾岸滩垃圾300余千克。同年4月,天津市生态道德教育促进会联合天津科技大学志愿服务队50余人在东疆港开展志愿服务活动,当天共捡拾岸滩垃圾50余千克。同年端午假期,联合泰达环保协会30余人在东疆港开展志愿服务活动,捡拾垃圾130千克。2024年3月,天津市委社会工作部、市生态环境局、市卫健委、市外办、市红十字会在滨海新区蓝鲸生态岛公园共同发起“我为环境种棵树”公益植树志愿服务活动，超过150人参与活动。此项活动对进一步动员全民义务植树和推进国土绿化、厚植生态底色具有积极意义，充分发挥了志愿服务在共建美丽中国建设中的重要作用。2024年4月，河东区惠邻社会工作服务促进中心联合河东区生态环境局、共青团河东区委员会开展“东青海河东岸行——‘碳’寻海河‘捡’约行动”，招募50组亲子家庭，通过海河东岸沿线游览、直沽文化和生态环保宣讲、趣味互动游戏、打卡集章、沿途垃圾杂物捡拾等方式，共同守护海河。此外，河东区惠邻社会工作服务促进中心、河东区生态环境局、共青团河东区委员会在海河东岸沿线设置5个打卡点位，邀请直沽文化传承宣讲青年志愿服务队和河东区生态环保青年宣讲团成员，宣讲直沽文化传承与生态环保知识。

（六）生态环境志愿服务范围不断拓展

除了公众参与的日常保护生态环境活动，天津生态环境志愿服务的领域和业务不断拓展，多维推进生态环境保护工作加力向前。

持续加强技术交流和对外合作，提升生态环境志愿服务专业水平。天津经济技术开发区环境保护协会（以下简称“协会”）积极组织开展生态环境领域的业务交流、政策解读、培训教育等活动。一方面，协会创造对外交流机会，积极组织会员单位参加北京国际环保展、中国国际环保展览会等高水平会议，通过展览展示、技术研讨、行业活动等多种形式，开阔协会会员单位环保视野和提升环保能力；另一方面，搭建环保技术交流平台，积极举办“绿色低碳创新技术”分享交流会，吸引来自天津和全国多省市企业、社会组织和科研机构等环保人员参加，并围绕绿色低碳、环境保护等技术领域开展深入交流。

开展环保服务进企业、进园区，拓展志愿服务活动范围。结合企业环境保护需求与绿色发展意愿，协会深入多家会员单位企业开展实地调研，并提供专家一对一指导服务，帮助企业查找制约绿色低碳发展的关键环节和问题隐患，助力企业转型升级，形成绿色低碳生产方式。此外，协会举办“公益服务进园区，创新提质促发展”活动，为企业分享了构建ESG体系相关知识，为减少环境和健康风险、改善和创新环保工艺、降低运营成本、提升企业综合竞争力、促进企业稳定运营与长期发展发挥积极作用。

二　天津生态环境志愿服务的不足和挑战

近年来,在各级党委、政府、社会组织、企事业单位和广大志愿者的不懈努力下,天津生态环境志愿服务事业有序开展,在制度出台、队伍建设、活动开展、生态环境保护宣讲科普等方面均取得长足进展,但仍存在一些不足,新形势下面临新的挑战。

(一)生态环境志愿服务的宣传推广有待加强

当前,人民群众对于生态环境问题的关注度较高,参与生态环境志愿服务的热情高涨,但仍有一部分群众对如何参与生态环境志愿服务不甚了解,信息渠道的缺乏是制约公众积极参与生态环境志愿服务的最大阻碍。长期以来,天津生态环境志愿服务的宣传推广主要依靠各志愿服务组织和单位,难以形成宣传合力。此外,新成立的生态环境志愿服务联盟虽然在组织活动层面有所提升,但在宣传推广方面仍有较大提升空间。联盟在宣传平台建设方面较为单一,目前仅有微信公众号,尚未建立生态环境志愿服务活动发布与志愿者招募的相关网站或小程序。

(二)生态环境志愿服务专业化程度有待加强

当前,天津开展的生态环境志愿服活动主要集中在对城乡、海洋等领域的环境整治,如海滩清洁、垃圾分类等,部分志愿服务组织、参与者的生态环境保护行动还处于初级阶段。此外,志愿服务组织和个人的自我学习能力仍有待提升,主要表现在对国家和天津关于生态环境保护的一系列政策规划和指导倡议的研究力度和深度不足,导致对国家和天津生态环保领域的最新部署理解不够深入。在人才队伍建设上,当前亟需大量掌握生态环保专业技能和生态环境专业知识的高质量人才加入志愿服务队伍。

（三）生态环境志愿者参与频次和持续性有待提高

生态环境志愿服务的持续健康发展离不开常态化的志愿服务活动和公众的积极参与。当前，公众作为志愿者往往倾向于参与一次性或短期志愿服务活动，对长期稳定参加生态环境志愿服务缺乏兴趣和耐心，多数志愿者参与生态环境志愿服务的频次较低，这导致志愿服务的整体效果难以持续，多停留在表面和短期效果上。此外，当前可供志愿者选择的生态环境志愿服务常态化项目数量较少，更缺乏能够吸引公众广泛参与的生态环境志愿服务项目，志愿服务项目供给的数量和质量上仍存在较大缺口。

（四）生态环境志愿服务保障激励机制有待完善

志愿者不计报酬，但志愿服务有成本。志愿者或志愿服务组织在开展志愿服务活动时虽然不得获取利润或物质报酬，但志愿服务作为一种创造价值的公共服务生产活动，需要一定的社会资源作为生产原材料，特别是相较于一般志愿服务，生态环境志愿服务的专业化要求较高，且很多活动需要专业器械的辅助才得以开展，因此格外需要成本投入。当前生态环境志愿服务活动常因经费、场地等条件限制而难以高质量、常态化开展。生态环境志愿者或志愿服务组织在实践中有时会面临无报酬但有成本投入的困境。缺乏完善的支持保障机制，将极大影响志愿者的积极性和持续参与度。

三　推动天津生态环境志愿服务高质量发展的建议

在美丽中国建设和生态文明体制改革的大背景下，天津生态环境志愿服务发展将迎来新的发展机遇。为进一步贯彻落实中央、天津关于生态环境志愿服务部署和要求，充分发挥志愿服务在推进建设人与自然和谐共生的现代化大都市和纵深推进生态文明建设的作用，以加强宣传推广、提升专业水平、打造特色项目、健全激励机制为抓手，扎实推进生态环境志愿服务高质量发展，激发全社会自觉维护、保护生态环境的内生动力。

(一)强化生态环境志愿服务宣传推广

生态环境志愿服务宣传推广,不仅可以吸引社会各界群体关注生态环境志愿服务,还能提高群众参与生态环境志愿服务队伍的意愿。通过志愿服务宣传推广有助于习近平生态文明思想入脑入心,营造全民参与、全社会参与生态环境志愿服务的浓厚氛围。

一是要拓宽宣传广度。充分运用微信、微博、抖音等互联网平台拓展生态环境志愿服务的宣传渠道,依托生态环境志愿服务联盟,建立集宣传习近平生态文明思想、推广生态环保理念、招募生态环境志愿者于一体的官方网站并与天津文明网联动,同步设立相关视频号、抖音、小红书等网络媒体账号,多维度推广宣传天津生态环境志愿服务,通过制作和发布短视频、动画、纪录片等,增强宣传内容的感召力。精心策划、推送相关宣传内容,突出生态环境志愿服务的亮点和特色,通过优质内容吸引更多群众关注生态环境志愿服务。进一步开展主题讲座、生态环境宣传周等活动,提高群众对生态环境志愿服务的知晓度,让群众在潜移默化中感受志愿服务的乐趣。二是要挖掘宣传深度。运用大数据分析当前群众在生态环境领域的需求和兴趣,针对不同受众群体开展有针对性的宣传推广活动,同时根据公众对不同内容宣传作品的点击率和浏览量,分析广大群众参与生态环境志愿服务活动的潜在意向,在此基础上制作贴合不同受众群体审美喜好的宣传内容,加深公众对生态环境志愿服务的理解。三是要增强宣传热度。系统规划志愿服务和生态环境领域中的重大时间节点,分时段、分批次地持续组织相关生态环境志愿服务宣传活动,增加推送内容的频次,稳固生态环境志愿服务的热度和群众参与氛围。

(二)提升生态环境志愿服务专业水平

生态环境领域特点决定了该领域志愿服务的内容蕴含广泛,而专业化是推动生态环境志愿服务高质量发展的内在支撑和生命线。随着生态环境治理实践和美丽天津建设的不断深入,需要切实提升生态环境志愿服务的专业化水平。

一是要逐步拓展生态环境志愿服务的具体内容。一方面,推动从传统的捡拾垃圾、巡河护林等活动，逐步扩展到生物多样性保护、环境公益诉讼、生态修复等更专业、更深入的领域。另一方面，充分发挥生态环境社会监督的志愿服务职能，针对不同专业领域培育志愿服务专业监督队伍，动员志愿者运用专业技能依法有序参与生态环境问题的监督、举报和曝光。二是要进一步加强专业培训。一方面，不断完善分级分类的生态环境志愿服务培训体系，依托生态环保领域的专业组织和个人，结合志愿服务的工作实践系统设立培训课程，邀请环保专家、环保学者开授环保大讲堂，将理论授课、实地考察和案例分析等多元化培训方式相结合，不断提高志愿者的环保知识、专业素养和服务能力，持续增强生态环境志愿服务的专业化水平。另一方面，根据志愿者的职能分工开展基础技能岗前培训、专项知识技能培训、骨干志愿者管理培训等，实现对志愿服务参与者的培训全覆盖，特别是要注重培育生态环境骨干志愿者，发挥骨干志愿者的引领带头作用，提升志愿服务队伍和项目的专业化水平。三是要建立实时更新的生态环境志愿服务案例库。同全国乃至世界范围内的优秀生态志愿服务团队和个人建立长效沟通机制，及时交流志愿服务项目的创新形式和活动经验，提高生态环境志愿服务成效。四是要不断加强志愿服务队伍建设。一方面，积极吸纳和动员具备专业技术素养、知识能力的人才和公众人物加入生态环境志愿服务队伍，提高志愿服务队伍的影响力和品牌力。另一方面，推动生态环保协会、生态环境志愿服务队同生态环境志愿服务联盟有机结合，形成“街—区—市”三级梯队，积极链接优秀项目与志愿者，带动形成广泛参与美丽天津建设的新风尚。

（三）打造更多特色项目吸引公众积极参与

生态环境志愿服务的全民参与离不开项目牵引。为此，要进一步推动志愿服务与生态文明建设有机融合，打造一批具有影响力的生态环境志愿服务项目品牌，助力更多群众了解生态文明、参与美丽天津建设。

一是要加强顶层设计。以生态文明建设相关部门为牵引，加强跨部门的交流沟通及合作，推动建立生态环境志愿服务的协同工作机制，及时总结和推广生态环境志愿服务的先进经验，并将其融入规划工作。二是要积极打造生态环境志愿服务品牌项目。一方面,结合生态环境保护重点和热点,立足群众需求,大力挖掘、策划和培育生态环境志愿服务项目,打造一批长期开展的具有生态环境保护特色的志愿服务品牌项目,吸引更多公众持续参与。另一方面,鼓励机关单位、企事业单位、社会团体、高校社团等结合自身优势,培育各具特色的生态环境志愿服务项目,不断汇聚资源实现品牌化,同时对特色志愿服务品牌予以推广,通过表彰活动发挥特色品牌的示范带头作用。

(四)健全生态环境志愿服务激励保障机制

必要的志愿服务保障和激励不仅可以促进生态环境志愿服务工作的常态化开展,也可以维护志愿者和志愿服务团队的权益,有利于维持志愿服务参与热情。一是要创新激励措施。推动建立生态环境志愿服务的评价体系和激励机制,探索“时间储蓄”“积分兑换”等志愿服务激励与“碳币碳积分兑换”等生态环保领域激励机制的协同和联动机制,鼓励相关部门和单位对生态环境志愿者予以表彰奖励,支持推选有突出贡献的志愿者入团入党和参与志愿服务先进典型评选,增强志愿者对生态环境志愿服务的归属感、认同感和获得感。二是要完善保障机制。一方面,保证志愿者参与志愿服务活动的人身安全,落实为志愿者购买保险的相关规定,提供基本的交通补贴、餐饮补贴等后勤保障,对提供专业技术服务的志愿者可适当匹配相应补贴,探索一套囊括志愿服务书面合同、交通误餐补贴、司法救助、保险托底等权益的保障体系,确保志愿者的合法权益得到有效保护。另一方面,充分运用生态环境宣传教育基地、生态环境科普基地、新时代文明实践中心(所、站)等公共设施开展主题志愿服务活动,为生态环境志愿服务提供场所保障和便利条件。三是要加大资金支持。引导国有企业和社会资本提供资金支持,鼓励企业成立生态环境志愿服务基金,形成包括政府拨款、市场捐赠、社会捐助在内的多元化生态环境志愿服务资金筹集和支持体系。

本报告系天津市哲学社会科学规划项目“社会结构视阈下志愿服务的天津模式研究”(项目编号:TJSR23-004)阶段性成果。

天津应急志愿服务发展报告

周建高　天津社会科学院社会学研究所研究员

摘　要： 近年来，天津应急志愿者积极参与防汛救灾、应急知识传播和技能培训、群众聚集场合秩序维护等，还参与外省市的灾害救援，为维护社会安全作出了贡献，但是在事业发展中也存在社会风险意识薄弱、制度建设相对滞后、基层应急志愿力量不足、部门协调共事有待提高等问题。建议增强全社会责任意识、充实基层应急志愿力量、完善应急志愿服务激励制度。

关键词： 应急志愿服务　应急管理　社会治理

德国著名社会学家乌尔里希·贝克（Ulrich Beck）1986年指出，人类已经进入风险社会。应对风险需要社会各界、各国通力协作。应急志愿服务是志愿服务的一个重要方面。2024年4月，中共中央办公厅、国务院办公厅《关于健全新时代志愿服务体系的意见》指出，坚持平急结合，在重大突发事件应急管理体系中纳入志愿服务，扶持发展各类应急志愿服务队伍，持续提升应急救援能力。当代中国的志愿服务事业是随着国家现代化进程，在经济社会发展过程中出现的新生事物。天津应急志愿服务已经发展多年，为天津社会主义现代化大都市建设作出了重要的贡献，但也存在一些有待提高改善的问题，需要各方共同研究，合作促进事业发展。

本报告部分资料得到天津市应急管理局的支持，特此感谢！文中部分组织名称按学术惯例进行了匿名化处理。

一 应急志愿服务发展历程

应急志愿者,他国多称灾害志愿者(Disaster Volunteer)。应急志愿服务萌芽于美国独立战争期间的消防队和19世纪初英国慈善组织等,19世纪末至20世纪中叶,应急志愿服务从自发分散向组织化转变,参与者增多,其作用引起政府重视。两次世界大战中众多医疗工作者加入志愿服务,使应急志愿服务开始组织化、常态化。20世纪后半期,政府逐渐以出资人和主办者的身份介入志愿服务,应急志愿服务进入规范化、专业化阶段。德国组建了德国技术救援署(THW)等专项应急志愿组织。21世纪以来,应急志愿服务队伍壮大、服务领域扩展、应急能力增强。美国社区应急服务队、消防服务队、医疗服务预备队和警务志愿服务队等应急志愿队伍迅速扩大,服务覆盖了约79%的全国人口。在应对威胁人类社会安全和秩序的突发事件中,应急志愿服务发展成熟,有人认为它已成为志愿服务的核心。[①]

中国随着现代化的进展,社会分工细化,生活方式、价值观日益多样,生产和服务技术进化,威胁人民生命和财产安全的因素随之增多。例如,城市化发展使人口集聚,高层建筑大量涌现使其中就业者和居住者增多,带来坠物、拥挤等风险。交通运输机动化发展导致交通拥堵、事故增加。价值观多样化导致网络和现实中群体纠纷增加,全球化时代国内外舆情相互影响。我国不仅是世界上自然灾害最为严重的国家之一,而且人口众多、文化多样,正处于快速社会转型期,各类利益矛盾较多。应急管理是国家治理体系和治理能力的重要组成部分,我国一直在因应不同时期经济社会矛盾中探索完善应对各类风险的有效方法。2005年1月,国务院通过了《国家突发公共事件总体应急预案》,全国应急预案框架体系初步形成,同年12月成立了国务院应急管理办公室。鉴于历来应急管理中存在问题,例如数据在部门和行业间不能共享;风险

① 赵云亭、张祖平:《国外应急志愿服务:演化轨迹、理论研究与反思》,《青年探索》2023年第1期。

信息不全、不畅通；各种应急资源分散、重复；管理条块分割等导致应急预案不衔接等问题，为了更好地应对突发事件，2018 年 3 月行政机构改革中国家应急管理部正式挂牌。在更好地发挥政府力量的同时，党和国家高度重视具有组织灵活、反应迅速、贴近基层的独特优势的社会应急力量发展。2022 年 9 月，国家应急管理部印发《社会应急力量建设基础规范》(行标)；同年 11 月，国家应急管理部联合中央文明办等 4 部委印发《关于进一步推进社会应急力量健康发展的意见》。在应对灾害特别是突发紧急事件中，有组织的自愿、无偿的公益性应急志愿服务得到发展，成为抵御危害、守卫生命和财产安全的重要力量。例如，2024 年夏季应对南方地区强降雨过程中，7100 余名应急志愿者参与人员搜救、堤防巡查和物资分发等工作，转移安置受灾群众 1. 6 万余人，防疫消杀面积 150 余万平方米，在减少灾害损失、实现早期恢复方面发挥了积极作用。①

二　天津应急志愿服务发展现状

天津在全力建设社会主义现代化大都市过程中，与其他城市一样面临着各类生产、交通运输等方面的风险挑战。对此，天津市委、市政府高度关注并积极应对。2006 年，天津市人民政府制定《天津市突发公共事件总体应急预案》，随后 2013 年和 2021 年两次修改而成《天津市突发事件总体应急预案》。2015 年，天津市人民代表大会常务委员会通过《天津市实施中华人民共和国〈突发事件应对法〉办法》；2023 年 2 月印发《关于进一步推进天津市社会应急力量健康发展的意见》。面对经济社会发展中的各类风险问题，各界均积极应对。整合有关部门的应急管理职能后，天津市应急管理局于 2018 年 11 月成立，负责本市应急管理工作。该局履行“指导社会应急救援力量建设”职责，通过制度建设、机制建设促进社会应急力量的发展，并对其加强管理。2020 年 3

① 《应急管理部举行例行新闻发布会》，中华人民共和国应急部，http://www. mem. gov. cn/xw/xwfbh/2024n07y12xwfbh_6136/，最后检索时间：2025 年 1 月 21 日。

月,天津市人民政府办公厅印发《天津市应急救援队伍建设管理办法》。2023年3月,天津市应急管理局会同市文明办、市交通运输委等部门印发《天津市社会应急力量参与重特大灾害抢险救援行动现场协调机制》,为参与救灾救助的社会应急力量提供信息咨询、报备登记、任务管理、后勤补给等方面的支持,并延伸推动至区级层面。通过培训推动社会应急力量能力提升,2021年以来,天津市应急管理局共组织4期天津市应急救援队伍骨干技能培训;举办天津市“砺剑”系列综合应急演练4场,联合北京市、河北省开展京津冀社会应急力量救援行动实战演练,多支队伍200余人次参与。搭建多部门参与的表彰激励平台。截至2024年10月,天津市有社会应急力量27支5000余人,在应急部社会应急力量管理系统登记备案的社会应急力量共9支2800余人,涵盖山地、水上、建筑物坍塌、心理咨询等救援领域,先后参与4次重特大灾害救援,累计出动2000余人次、搜救转移群众8万余人,已成为应急救援力量体系的重要组成部分。部分救援队伍曾参与海地地震、雅安地震、汶川地震等大型救援任务。近年来,天津应急志愿服务主要在以下几个领域。

(一)参与防汛救灾

社会应急救助力量积极参与防汛救灾工作。在2020年防汛备灾中,天津(红桥区、津南区)LX应急救援队参与防汛日常备勤25人,配备橡皮冲锋舟2艘、自动充气船10艘,协助红桥区、南开区、津南区做好各社区内涝紧急抢险任务准备,确保重点路段和易积水点位都有志愿者随时监测汛情。该救援队参与了红桥和南开两个区的防汛联合演习、津南区防汛点排查等活动;辅助南开区应急部门组建应急志愿服务队伍。此外,红桥区LX应急救援志愿服务队录制《红桥区校园安全“防溺水”专题警示片》。宝坻区红十字LT救援队组织发动志愿者参与防汛日常备勤约20人,协助市水务系统参与宝坻区黄庄洼分洪闸水下杂物清理任务,连续奋战3天,下潜作业近百次。蓟州LT救援队组织志愿者参与防汛日常备勤约50人,与蓟州区应急管理部门成立防汛应急抢险组,队员们昼夜待命。LY救援天津总队组织志愿者参与防汛日常备勤约30人。天津SMS紧急救援服务中心发动志愿者参与防汛日常备勤约8人,其间出动救护车、指挥车、摩托艇、冲锋舟、发电机、潜水泵等设备参与工作。天津滨海 LT 救援队组织发动志愿者参与防汛日常备勤约 25 人,使用冲锋舟 2 艘、船机 1 部、抛绳包 6 套、指挥帐篷 2 套。在 2023 年夏季天津市的防洪抗灾中,静海区 LT 救援队在抗洪活动中出动队员 1420 人次,转移老弱病残孕群众 500 多名,巡防河堤 450 余千米,封堵管涌 119 次,用冲锋舟运输砂石料 8000 多立方米。

赴外省市参与救援工作。2021 年 7 月河南省大范围洪灾中,天津 LT 救援队奔赴受灾较严重的卫辉、荥阳、郑州等地开展救援工作,成功转运受困群众 1600 人;灾后防疫工作中对火车站、小区、街道等地方进行病毒消杀面积达 222 万平方米,惠及 115279 人。2023 年 7—8 月,连续强降雨导致京津冀多地遭受洪灾。天津 LT 救援队紧急驰援受灾较重的河北省涿州市沙窝村、北园子村、沿鲁村及涞水县等地,转移受困群众 290 余人。7 月 31 日,天津 LT 救援队到北京市房山区帮助转移受灾群众 100 多人;8 月 1 日,在涿州市救助了 40 多人。[①] 红桥区 LX 应急救援志愿服务队奔赴河北涿州,参与洪水灾害救援,帮助涿州人民恢复生产生活。宝坻红十字 LT 救援队经五天四夜,辗转北京房山、河北涿州两地,共搜救和转运被困群众千余人。武清区红十字 LT 救援队经六天六夜,累计转移被困群众 6700 余人。滨海 LT 救援队在妙峰山湖心岛附近救出 8 名被困群众;在下苇甸,跋山涉水把水、食物、医疗包等救援物资送达被困两昼夜的村民手中;在靖雅中学用冲锋舟转运 600 余名被困群众。

在 2023 年夏京津冀暴雨洪灾救援中,天津 LT 救援队、静海 LT 救援队、滨海 LT 救援队、蓟州 PALT 救援队、武清红十字 LT 救援队、宝坻红十字 LT 救援队、LY 救援天津总队、红桥 LX 救援队等社会应急救援力量响应国家号召,全力以赴投入抗洪抢险救灾,24 小时在岗备勤,累计出动人员 1617 人次,救援车辆 44 部、舟艇 50 多台,解救转移灾区被困群众 12000 多人,运送物资近万吨,对防汛救灾作出了积极贡献。

---

① 《多地应急救援社会组织驰援京冀受灾地区》,《中国社会报》2023 年 8 月 3 日。

(二)传播应急知识,培训应急技能

应急志愿者参与应急消灾、救援活动,本身就有传播志愿服务理念和精神的效果。此外,应急救援活动涉及多种专业技能,因此专门的或者综合的应急知识技能培训成为应急志愿服务的重要内容。在政府鼓励和引导下,天津市社会应急力量配合有关部门深入企业、农村、社区、学校等场所,开展应急观念宣传、知识培训普及、技术演练等志愿服务活动,提高公民的自救互救和防灾避险能力。2020 年,天津市应急管理局组织 8 支社会应急志愿服务队伍,利用业余时间深入基层开展防汛应急知识宣传和救援技能培训共计 20 余场,综合性防汛应急演练共计 10 余场,共与 35 个单位或部门建立救援协调机制。培训内容包括防恐防爆防踩踏、防溺水、心肺复苏、防灾减灾等,培训方式有真人模拟示范、受训对象亲身体验等。培训内容结合社会实际需求,例如心肺复苏、食道梗阻之类,培训对象以中小学幼儿园等学生为主。2020 年,LY 救援天津总队配合武清区团委、区政府、区应急局,以及区直属各协会开展汛期应急救援理论技术培训与水域现场应急救援培训、应急安全宣讲等,指导做好汛期前期准备及物资采买储备等相关工作;组织青年志愿者协会队员围绕汛期灾害应急救援、防汛装备的使用和管理、团队协同作战有效联通机制等方面开展现场教学培训,进行道路涉水救援及水上救援实操演练。天津 SMS 紧急救援服务中心与天津 HZKJ 有限公司职工联合开展防汛应急演练和现场防汛抢险技能培训,其间出动救护车、指挥车等,对一些应急设备及物资的使用及应用进行了普及,对防汛中突发情况的应急处置进行了系统演练。另外还配合天津海事部门进行了“7·11 航海日”水上防灾减灾应急等知识现场宣传活动。同年,天津(红桥、津南)LX 应急救援队制作刊印《家庭应急避险宣传手册》共计 3000 册,分批次入户进行宣传发放;对红桥区西沽街的吉安里、植物园社区和三条石街、和苑街进行了灾害自救技能与防汛应急知识宣传普及培训,对红桥区 11 个街道的无线电进行了整体调试与使用规范培训,为 TY 公司员工开展了应急避险技能培训;在子牙河段内进行了为期 3 天的队内操舟、抛绳包使用、防汛挡板搭建等技能培训,与红桥消防支队联合开展防汛实战拉动;参与

了红桥和南开两个区的防汛联合演习以及津南区防汛点排查等活动。

2023 年 5 月上旬,在天津市红桥区西沽街道民畅园社区应急服务站,LX 应急救援队队员向社区居民传授心肺复苏等急救知识和技能。同时,7 名来自 LX 应急救援队的志愿者每日在服务站轮流值守,开展急救知识宣讲、应急技能培训、突发状况处置演练等活动。① 2024 年天津市应急管理局与市委社工部、市文明办、团市委等部门沟通,参与协办天津市"百姓志愿　百姓实践　百姓美好生活"志愿服务主题活动,组织天津 LT 救援队、静海区 LT 救援队等介绍参与 2023 年京津冀抗洪抢险救灾工作事迹,开展应急避险知识宣讲和水域、山地等救援器材互动演示。市应急管理局组织动员社会应急力量"志愿应急　助力安全"项目是 2024 年全市志愿服务 17 个重点项目之一。

红十字会与红新月会国际联合会将每年 9 月的第二个星期六定为"世界急救日"。2024 年 9 月 14 日是第 25 个"世界急救日",主题为"急救与运动"。南开区红十字会在南翠屏公园开展"救在身边 · 科普宣传"活动,现场宣传培训、发放宣传手册等,以普及应急救护知识,鼓励更多公众学习急救知识,参与"关爱生命、救在身边"活动。2024 年 3 月以来,全市 9 支骨干社会应急力量累计参与宣传、培训 50 余场,出动队员 500 余人次。政府应急管理部门充分发挥社会应急力量在水域、山地、建筑物坍塌等方面的救援技能和在培训师资方面的优势,组织开展"应急救援技能培训进驻津央企"志愿服务活动。2024 年 3 月中旬,结合"国家队"专业技能建设需求,组织天津 LT 救援队选派绳索救援技术专家,为国家海上油气应急救援天津队开展高空绳索基础技术培训,采取理论授课、实践操作、交流研讨等方式,为救援人员熟练掌握绳索救援技能打下了良好基础。② 2021 年以来,武清区 LT 救援队开展面向区内中小学生的培训 280 余次,受益学生 5 万余人。

---

① 张雯靖:《天津首个社区应急服务站建成投用》,中国青年网,https://t.m.youth.cn/transfer/index/url/gy.youth.cn/gywz/202305/t20230512_14513175.htm,最后检索时间:2024 年 9 月 18 日。

② 天津市应急管理局:《天津市社会应急力量积极参与应急志愿服务 共同构筑城市安全人民防线》,中华人民共和国应急管理部,http://www.mem.gov.cn/xw/gdyj/202404/t20240417_485114.shtml,最后检索时间:2024 年 9 月 18 日。

(三)救助走失或落难人员

在经济社会快速发展时期,人们的职业和兴趣爱好种类增多,个人生活的变化中各种挫折或意外事件不时出现。天津应急志愿者在拯救生命、促进社会和谐稳定方面发挥了积极作用。静海区 LT 救援队 2023 年 12 月底某天下午,在独流减河团泊大桥东侧对三名冰钓落水人员实行紧急救援。2024 年 1 月 10 日下午,出动 15 人对独流镇老龙湾 2 名船钓落水人员紧急救援。同年 2 月 20 日下午,出动 25 名队员,冒雪搜救外出走失老人。武清区红十字 LT 救援队 2022 年 4 月 14 日派出 17 人,参与对发生在蓟州区的货运列车碰撞事故救援。蓟州 PALT 救援队进行过多次生命拯救行动,2022 年,在蓟州某水域救助 3 个落水孩子;2022 年 8 月 12 日,冒着酷暑,搜救一位走失坠落山涧身亡的老年妇女;2023 年 3 月 15 日,在三界碑段长城烽火台下,救援一位从烽火台坠落而倒地不起的女游客。滨海 LT 救援队于 2023 年底,出动 21 人次,持续 22 小时搜寻到思维障碍而迷途的老人,2024 年 6 月 16 日半夜出发,经过 16 小时搜寻到在海边走失的儿童。宝坻红十字 LT 救援队于 2024 年 7 月 28 日上午,派出 6 车 13 人至潮白河大桥,挽救了一名跳水轻生的男青年;同年 8 月 9 日晚 9 时,派出 5 人在某小区 26 层顶楼,救助了一名意图自杀的 23 岁男子;一周后的 8 月 16 日夜,出动 5 车 2 船共 9 人,在潮白河橡皮坝拯救了一对因野钓落水被冲到此处的夫妻。应急志愿服务虽常以团队组织的方式为主,在实际操作中志愿者随时随地发挥作用的现象也常见。例如 2024 年 7 月 13 日中午,天津海洋博物馆一位带孩子参观的老人突然倒地,天津 LT 应急救援志愿服务中心的救援队员张先生正巧在现场,见状立即对老人进行心脏复苏救助,施行胸外按压,又在众人协助下,使用自动体外除颤器(AED)救助,直到老人恢复意识和呼吸,被送上救护车为止。[①]

---

① 《蓝天救援队队员危难伸出援手》,天津文明网,http://wenming. big5. enorth. com. cn/system/2024/07/18/057230971. shtml,最后检索时间:2024 年 9 月 19 日。

（四）服务公共卫生事件

天津市应急志愿者为社会提供的志愿服务，根据各类不同情况下的实际需求而定，多种多样。有的志愿者心理咨询师开通24小时咨询热线，提供免费心理咨询服务。有的编写了《居民防灾避险手册》分发给居民。有的在学校中建立校园应急救援志愿服务小分队，与区红十字会合作，开展中国红十字总会在全国建立的24个创投项目之听障人群应急技能培训。

（五）群众集聚中的应急备勤

社会应急组织经常协助有关机构做好重要节假日和重点时期应急备勤，结合防灾减灾日和安全生产月进行知识普及、公众意识唤醒等活动。例如LX应急救援队参加天津市应急管理部门举办的“砺剑－2021化工演习”“砺剑－2022防汛演习”和京津冀三地应急、环保局联合举办的“京津冀环保化工泄漏演习”。2023年，建立全市首个社区级应急服务站，为市政府应急管理部门组织的“突发事件应急处置指挥能力提升专题班”进行培训，并且与天津市应急管理局共同组建“12350安全生产公益宣讲团”。

2024年3月以后，天津市应急委办公室系统部署春节假期和全国两会重点时期应急备勤工作，社会应急力量16支600余人结合自身专业特长和技术优势，配合属地应急管理部门开展应急力量预置备勤，做好热门景区和大型活动（如马拉松、音乐会等）秩序维护、应急疏散等活动保障以及灾害事故辅助救援工作。

三　应急志愿服务发展存在的问题

近年来天津市应急志愿服务持续发展，在应急救灾救难、保障人民生命财产安全方面发挥了重要作用。志愿服务不限于天津市域内，还参与国内其他地区和国外的灾害急救活动。例如2023年12月18日，甘肃临夏州积石山县发生6.2级地震后，静海区LT救援队派出14名地震专业队员，携带专业设备前往甘肃参与救援。2024 年 2 月 6 日,土耳其和叙利亚发生双 7.8 级大地震后,天津 LT 救援队组建 20 人的地震救援团奔赴叙利亚,开展了 14 天的救援任务。天津应急志愿服务事业虽取得不少成绩,但是与天津现代化大都市的要求相比,应急志愿服务目前还存在下列问题。

(一)社会观念上危机意识薄弱

应急志愿服务发展状况取决于其社会基础。在欧美、日韩等国家和地区,医学急救知识已被列入学校常规教学课程,18 岁以上公民必须学习急救知识,警察、司机、大学生等必须接受心肺复苏术和现场急救方面的培训。有数据显示,美国仅接受心肺复苏技术培训的人数就达到 7000 万人。有的国家甚至规定应聘人员必须持有急救员资格证。在此方面,随着经济社会的发展,我国开展应急知识培训的意识日益增强,但个别相关人员并不重视自身素养的提高,从而造成安全事故。从天津市应急管理局发布的 2024 年第二季度安全生产行政处罚的典型案例看,有公司未取得安全生产许可证擅自进行危险化学品生产;有的特种作业人员未按照规定经专门的安全作业培训并取得相应资格上岗作业,未在有较大危险因素设备、场所设置明显的安全警示标志;有不按规定采取断电安全措施而进行检修作业;有的餐厅锁闭安全出口;有的企业不按照规定制定生产安全事故应急救援预案等。这些现象暴露出个别生产经营单位安全风险辨识和管控意识淡薄等问题。①

危机意识的淡薄也表现在人们日常言行中。例如家长对未成年人的看护不足导致坠楼、交通事故、夏季游泳溺水等;野外旅游中,有些旅游者忽视告示牌或管理人员的口头劝阻而进入没有被开发的陌生环境而发生险情。此外,还表现在对于灾害、危机等的信息,对于安全技术、防灾减灾政策关注较少,对于应急技术培训参与不足,等等。

---

① 《天津市应急管理局发布 2024 年第二季度安全生产行政处罚典型案例》,https://yjgl.tj.gov.cn/ZWGK6939/xzzf/XZZF1140/202407/t20240729_6686273.html,最后检索时间:2024 年 9 月 19 日。

（二）相关制度建设有待完善

多年来，天津市出台了一定数量的处理突发事件的规范文件，特别是2023年的《关于进一步推进天津市社会应急力量健康发展的意见》，直接与应急志愿服务相关，但是与其他地区相比，天津市在相关方面还存在一定差距。如四川省于2018年发布了全国首个应急志愿服务标准——四川省《应急志愿服务管理规范》。2020年12月25日发布的《北京市志愿服务促进条例》是首部规定了应急状态下志愿者如何开展服务以及应急志愿服务协调保障机制的地方性法规。天津在促进、规范、保障应急志愿服务的法律规章有待完善。

（三）基层应急志愿服务不足

社区是城市社会最重要的基础单元，处于承受灾害风险的前线，而且不同于企业、机关等有组织的机构，最需要应急志愿服务。但是目前天津社区应急志愿服务站（中心）还较少。我国《“十四五”国家应急体系规划》指出，我国基层应急能力薄弱，公众风险防范意识、自救互救能力不足等问题比较突出，应急管理体系和能力与国家治理体系和治理能力现代化的要求存在很大差距。正如有学者指出的那样，在特殊应急事件中，外地的救援资源很难在短时间内进入现场，唯有本地资源才是最快。现阶段基层民众和社会力量参与程度不高，蕴藏在基层的力量没有得到有效发挥。[①] 天津一定程度上也存在这类问题。

（四）行动组织上部门间合作协调有待加强

一方面，灾害、风险信息的发现、报告、传播还存在不少障碍，有时难以第一时间周知群众。关于危机认识、应对方法、善后处理等方面，涉及多个专业和领域，唯有同心合力方可完成任务。有一些风险信息公开性不足，妨碍了应急志愿服务组织了解救援需求。另一方面，不同部门、机构的协调合作还不充

① 王海京：《我国基层应急管理的现状、问题与对策》，《中国应急管理科学》2022年第2期。

分,有时限制了集体力量的发挥。

四　促进天津应急志愿服务进一步发展的建议

(一)增强全社会的责任意识

安全是人的第一需求,也是人类一切活动的基础和最终目的。增强广大人民群众的安全意识、风险意识和参与志愿活动特别是应急志愿服务的主动性。首先,要坚持“生命至上、人民至上”的理念。管理部门在新闻传播、舆论导向管控上,应注意引导包括自媒体在内的各类媒体及时、客观报道灾害信息。其次,强调个人责任,宣传传统文化中的自力更生精神。最后,调动全社会参与应急的积极性。防灾减灾、应对紧急突发事件仅仅靠政府有关职能部门是远远不够的,应改变凡事依靠、依赖政府的观念,动员市民、企业等社会各界参与应急。

(二)充实基层应急志愿力量

习近平总书记在给2019年7月23日召开的中国志愿服务联合会第二届会员代表大会的贺信中,号召志愿服务“走进社区、走进乡村、走进基层”。社会安全隐患、风险源头绝大部分在基层,突发事件处理、风险管控的重点在基层,志愿服务特别是应急志愿服务的重点也在基层。这方面部分城市已经行动起来。北京市为了增强基层应急处置能力,同时加强对社区应急志愿者管理和实现区域应急志愿服务规范化,满足人员、服务、需求3个方面的最优匹配,在《北京市”十三五”时期应急体系发展规划》就提出依托基层志愿者队伍、整合资源、建设700个功能完善的社区应急志愿服务站的任务。“应急志愿服务站”是公共应急资源的重要组成部分,用于应急志愿者面向社区居民开展应急科普宣教、志愿者队伍的备勤、应急相关培训交流、信息联络、突发事件的先期处置等工作。[①] 河南省焦作市于2017年10月组建了20人的社区应急志愿服务队。广州市海珠区有新港街道江怡社区应急站、社区应急侠志愿服务队。[②] 天津市专业性社会应急救援队伍已有不少,各个企事业单位、机关、社区的物业、保安也是应急救援的力量,鉴于社区人口高度密集而应急志愿力量薄弱的现状,亟须进一步充实社区应急志愿力量。疾病急救,火灾、地震时的逃生或扑救,水电故障的紧急处置或社会事件中维稳等,现场的志愿者的作用十分重要。可以考虑与现有的新时代文明实践中心(站)结合,利用其场所、人员、体制,在文明实践中加入应急志愿服务内容,扩充文明实践站的功能。

(三)完善应急志愿服务激励制度

志愿服务在发展过程中,世界各国、我国各地区都制定了不少鼓励、激励志愿精神、志愿实践的制度和措施。例如,辽宁省阜新市制定了《阜新市五星志愿者激励措施》,对凡是符合条件被认定为五星级志愿者,颁发特定标识和荣誉证书,通过媒体广泛宣传其事迹,提供优先参加专业培训、研讨会和交流活动机会,进入公共文化设施、旅游景点等场所享受优惠或免费。阜新市五星级志愿者2024年度可享受的权益有,指定社区食堂就餐优惠;一些文旅景点指定日期免门票;在指定医院享受部分免费体检项目;广电、银行相关业务的资费优惠或资格优先;机动车检验、加油、便利店等的优惠。[③] 除辽宁省阜新市外,其他城市也有各具特色的志愿服务激励政策。天津可以在借鉴国内外成功经验基础上,根据天津的实际,拟定切实可行的有效措施,以促进应急志愿服务的发展,助力天津社会主义现代化大都市建设。

---

① 李少翔:《北京市社区应急志愿服务站建设配置分析及站点分配模型研究》,首都经济贸易大学硕士学位论文(2020年6月),第18页。

② 郭思琦、李馨:《广州海珠区18条街道"应急侠"志愿服务队正式成立》,https://news.ycwb.com/2024-08/28/content_52892987.htm,最后检索时间:2024年9月21日。

③ 《阜新:五星级志愿者激励措施来啦!》,"阜新城市通"微信公众号,2024年9月5日。

参考文献:

[1]张月萍:《俄罗斯应急志愿服务的制度内容与启示》,《中国志愿服务研究》2021 年第 4 期。

[2]宋云超:《关于借鉴日本应急志愿服务机制的思考》,《法制与社会》2014 年第 27 期。

[3]江汛清:《国外应急志愿服务的特点及对我国的启示》,《青年探索》2010 年第 2 期。

[4]廖恳、黄晓伟、王锐:《英国应急志愿服务的经验及对我国的启示》,《行政管理改革》2012 年第 2 期。

[5]陈晓东、董凯:《疫情防控中看应急青年志愿服务:经验、问题及对策——基于“中国青年志愿者”公众号推文的分析》,《河北青年管理干部学院学报》2020 年第 6 期。

[6]唐蕾:《突发公共卫生事件下应急志愿服务的实践特征及行动机制研究——以上海 X 小区应急志愿服务实践为例》,杭州师范大学硕士学位论文 2023 年 5 月。

[7]王琨琦:《河北省应急志愿服务发展现状与完善对策研究》,河北大学硕士学位论文 2021 年 5 月。

[8]李婷婷、常健:《社区突发公共事件中的应急志愿服务:组织与管理模式》,《学习论坛》2023 年第 2 期。

天津青年志愿服务发展报告

李宝芳　天津社会科学院社会学研究所副研究员

摘　要： 近年来，天津青年志愿服务围绕中心、服务大局，队伍与平台建设不断推进，服务领域持续拓展，品牌项目常态化开展，大型赛会志愿服务优化提升，激励保障措施日益完善，社会影响力与引领力与日俱增，但仍然存在规范化管理需要加强、阵地和平台需要整合、专业化水平需要提升等问题。为推动天津青年志愿服务高品质发展，需要加强规范管理，健全志愿服务体系；加大部门联动，实现资源共享整合优化；结合时代需求，持续创新志愿服务项目；发挥专业特长，提升志愿服务专业化水平。

关键词： 青年志愿服务　社区青春行动　赛会志愿服务

青年志愿者一直是天津志愿服务的先锋力量，近年来更是成为天津现代化治理体系的有效构成和现代化治理的有生力量。天津深入学习贯彻习近平新时代中国特色社会主义思想，特别是习近平总书记对青年志愿者工作的系列重要指示精神，围绕经济社会发展大局和中心任务，不断完善组织机制，扩展队伍规模与服务领域，常态化开展志愿服务活动，着力打造品牌化项目，社会影响力与引领力有效提升，为助力学雷锋"志愿之城"建设，谱写中国式现代化天津篇章作出了重要贡献。

本报告部分资料得到共青团天津市委员会的支持，特此感谢！

一　天津青年志愿服务发展概况

(一)青年志愿服务队伍与平台建设不断推进

天津注重夯实青年志愿服务发展基础,着力加强制度体系建设,广泛动员,壮大志愿服务队伍,搭建发展交流平台,注重信息化建设,推动青年志愿服务蓬勃发展。

一是青年志愿服务规模不断壮大。天津聚焦基层,突出高校,广泛汇聚各方志愿服务力量,分层分类夯实青年志愿服务队伍,机关、企事业单位、街道、社区、学校等普遍成立青年志愿服务队。企事业单位中的青年志愿服务队伍有国网天津滨海供电公司“黎明”青年志愿服务队、天津轨道交通“红铆钉”志愿服务队、中建六局绿建公司的“青芯”青年志愿队等。高校的青年志愿服务队伍有天津师范大学心理学部“风雨同心”学雷锋服务队、天津外国语大学蓝天志愿服务队、南开大学公益家教志愿者团队等。街道和社区的青年志愿服务队伍有宝坻区一家亲青年志愿服务社、河北区“爱益启”社区矫正志愿服务队、河东区神州花园社区志愿服务队等。全市青年志愿服务活动、青年志愿服务组织以及注册的青年志愿者数量逐年增长。截至 2024 年 10 月,注册青年志愿者 190.3 万名,注册志愿服务队伍 38297 支。

二是青年志愿服务信息化平台持续完善。适应网络社会发展趋势,不断适应社会需求和青年特点,天津持续完善信息化志愿服务平台。依托天津团市委微信公众号——“津彩青春”、天津市青年志愿者协会官方微信公众号——“天津青年志愿者”和“志愿中国”信息系统移动应用端——“志愿汇”APP 等新媒体,建立更贴合青年阅读习惯和上网实际情况的手机端志愿服务平台,探索形成以网络为媒介动员、宣传、组织、开展青年志愿服务的互联网发展格局。初步形成以线上注册登记、服务供需对接为主要特点的青年志愿服务管理运行模式,基本实现了线上线下有效对接、需求快速响应、供需精准匹配、服务规范透明、资源高效配置的目标。

三是青年志愿服务交流平台积极搭建。每年举办一次天津市青年志愿服务项目大赛,并以大赛为平台深入发掘可推广的志愿服务项目模式,培育一批有实效性、持续性、可复制的优秀志愿服务项目。2024 年天津市青年志愿服务项目大赛和 2024 年天津市青年志愿服务公益创业赛的主题是“志愿新时代共筑中国梦”,涌现出一大批“贴地气、有温度、惠民生”的青年志愿服务项目。经资格审核、项目初评、专家阅评,共有 172 个项目进入赛会复赛路演答辩。大赛为全市广大青年志愿服务项目搭建了集中展示、组织交流、资源配置、文化引领的综合平台。①

(二)青年志愿服务领域持续拓展

经过多年实践,青年志愿服务领域不断拓展,涉及社区服务、青少年关爱、扶老助残、扶贫济困、生态文明、交通引导、法律援助、应急救援、科技服务等多个领域,在民生服务、文明创建、社区治理、生态环保等方面发挥了重要作用。

扎根社区开展志愿服务。2023 年 3 月 4 日,和平区朝阳里社区启动实施党建引领基层治理社区青春行动,将学雷锋活动融入日常、化作经常。百个“社区青春行动”实施社区启动百个示范服务项目,涉及生态环保与文明建设、服务青少年成长、青少年权益保护、禁毒教育与法治宣传、科普创新、“双减”校园、心理辅导、就业辅导等。截至 2024 年 10 月,共开展 2050 余场次活动,受益人群 3.2 万余人次,累计服务时长近千小时。全市 16 个区 26 个社区实施的中央专项彩票公益金支持青年社会组织服务社区青少年“伙伴计划”示范项目,指导社区和社会组织分类设计开展体现本地特色、贴近青少年需求的实践活动,得到社区居民和广大青少年一致好评。北辰区青年社团领办人携手“小小公益创想家”,让青少年和社区成为亲密伙伴。和平区发挥“青春联盟”街校共建项目和青联委员作用,建立“伙伴资源链接”。武清区深化“团校地”合作,挑选“精兵强将”组建“团团活力圈”青年志愿服务队。截至 2024 年 10 月,

① 《天津共青团成功举办 2024 青年志愿服务项目大赛和青年志愿服务公益创业赛》,“津彩青春”微信公众号,2024 年 8 月 31 日。

该服务队共开展活动 756 场,服务 23538 人次。

聚焦生态文明开展志愿服务。青年志愿者定期在北运河、南运河、海河、潮白河、国家森林公园等多个河湖、林地,通过捡拾垃圾以及劝阻钓鱼、采摘湿地植物等方式开展“争当河小青 · 保护母亲河”“一起趣河边 守护母亲河”“潮起潮落 速战速决”等生态环保志愿活动。常态开展垃圾分类、倡导节约粮食、实现旧物循环等活动,截至 2024 年 10 月,开展“垃圾分类、青年先行”“小手拉大手,我是监督员”等活动 1300 余场,累计服务 2.6 万余人次,推动建设低碳社区、绿色社区、零废弃社区,营造绿色新风尚。

扎实推进应急救援志愿服务。在防汛救灾、暴雪寒潮等急难险重关键时刻,全市广大团员青年、青年志愿者迎难而上,有序参与物资转运、群众转移、安全排查、道路清扫等志愿服务,用实际行动筑起应急救援的“青春堤坝”。2023 年 8 月,海河流域发生流域性较大洪水,防汛形势严峻复杂,天津广大青年闻“汛”而动,勇毅冲锋在防汛一线。滨海新区各街道团员青年安排专人在重点小区 24 小时盯守,对辖区情况常态巡查,对老旧房屋、高陡边坡、河堤河坝等全面开展隐患排查,“线上 + 线下”同步联动,向居民宣传防汛知识,提醒居民做好安全防范。和平区排水管理所的团员青年们 24 小时待命,第一时间上岗参与防汛,加强雨中巡视。和平区城管委团员青年组织全区综合行政执法力量,严格落实城管系统防汛、防风等 17 项具体工作,全力排除各类问题隐患,为全区防汛、防风工作提供城管保障。① 宝坻区 28 支青年突击队的 589 名青年志愿者闻令而动,投身防汛一线,对险工险段 24 小时无间断巡查,救援车辆、物资保供、设施保修,确保群众生命财产安全。② 2023 年 12 月,天津迎来较强雨雪天气,团市委、市青志协共同发布《@ 青年志愿者请出列! 积极应对暴雪寒潮天气倡议书》,全市青年志愿者迅速反应,主动到单位、社区报到,开

---

① 杨成:《闻“汛”而动 迎“战”风雨——天津各级团组织和广大团员青年在防汛工作中挺膺担当》,中国日报网,https://ex.chinadaily.com.cn/exchange/partners/82/rss/channel/cn/columns/j3u3t6/stories/WS64cb0d3aa3109d7585e47b9f.html,最后检索时间:2024 年 9 月 16 日。

② 胡春艳:《宝坻青年的“守城保卫战”》,《中国青年报》2023 年 8 月 2 日第 1 版。

展除冰扫雪、交通疏导等志愿服务活动，确保群众安全出行。[1]

（三）青年志愿服务品牌项目常态化开展

随着志愿服务制度化、常态化建设的推进，天津青年志愿服务越来越注重品牌化、项目化发展，充分挖掘青年志愿者的服务潜能，打造丰富的品牌志愿服务项目并常态化开展，全面提升青年志愿服务质效。

每年开展助力春运的“暖冬行动”项目。每年春运期间，天津广大青年志愿者都积极行动起来，开展“暖冬行动”，助力各站点交通安全顺畅运行。2024年1月26日，“青春志愿行，温暖回家路”天津春运暖冬行动志愿服务启动，共组织招募3196名青年志愿者，在50多个火车站、机场、客运站、地铁站等交通场站的百余个岗位上提供引导咨询、秩序维护、便民利民、安全劝导、帮扶重点旅客等方面的志愿服务。“暖冬行动”中，志愿者统一着志愿者红马甲或其他志愿者标识，亮明身份，展现志愿者良好形象，保障群众安全便捷舒心出行，服务群众安度春节假日。[2]

着力打造“社区青春行动——寸草心”青年志愿者助老项目。面向高等院校、医疗企业、机关事业单位和社会各界，多渠道招募助老爱老青年志愿者，成立市、区两级青年志愿服务队，走进社区和养老机构，运用思想助老、文化助老、服务助老、健康助老、科技助老的“五助”模式广泛开展志愿服务，充分发挥青年志愿者的先锋示范作用，真正使青年志愿者成为服务老年人的有效力量。通过在“志愿汇”平台统一注册，统一配发服装、标识等，定期开展专业培训，加强队伍管理。结合2024年第七届中国青年志愿服务项目大赛，设置助老爱老志愿服务项目专项选拔，深入挖掘在养老领域长期坚持、作出贡献的志愿服务团队，支持培育相关志愿服务项目，推报团中央进行选拔。立足艺术院校、高校社团专业特色，发挥青年大学生人才智力优势，开展特色为老服务，编创关

① 《@青年志愿者请出列！积极应对暴雪寒潮天气》，“津彩青春”微信公众号，2023年12月14日。

② 《2024年“青春志愿行，温暖回家路”天津春运暖冬行动志愿服务启动》，“津彩青春”微信公众号，2024年1月26日。

于爱老敬老助老的相声、快板、舞蹈、情景剧等文化产品,打造津派青年志愿服务文化,同时推出助老爱老板块的“小水滴”IP 形象,提振团队精神,增强志愿者的归属感。积极推动学校与社区、社会养老机构结对,确保为老服务的长效性。“社区青春行动——寸草心”助老志愿服务项目已取得明显成效,项目数量持续增加、服务内容持续优化、服务实效不断提高。截至 2024 年 6 月 27 日,已在全市 16 个区 1035 个社区开展助老活动 3019 场,服务老年人 57557 人次,其中服务特殊困难老年群体 9347 人次,参与服务青年志愿者 22527 人次;青年志愿者助老行动工作在天津电视台、《今晚报》、“津云”等市级媒体累计报道 39 次,涌现出一批优秀志愿服务项目品牌,切实提升了老年人的获得感、幸福感、安全感。①

持续开展“西部计划”志愿服务项目。围绕打赢脱贫攻坚战和全面实施乡村振兴战略部署,截至 2024 年 9 月,天津已累计选派 21 批、4000 余名青年志愿者,到新疆、生产建设兵团、甘肃、云南、贵州、四川等地开展为期 1—3 年的支农、支医、支教和管理类志愿服务,支持南开大学、天津大学等 9 所高校建立研究生支教团。天津将西部计划志愿者纳入“青马工程”培养体系,不断加强志愿者的理想信念教育。每年 7 月,集中举办“西部计划”志愿者行前出征仪式和专题培训,通过形势政策讲解、志愿精神宣讲、心理评估调节等培训,提升志愿者的综合素质。积极与派出高校和服务地区项目办沟通协调,推动对“西部计划”工作的重视和关注,组织做好表彰、节日慰问等工作,关心关注志愿者,协助解决各类困难。天津志愿者以良好的精神状态、务实的工作作风赢得了服务地党政领导和群众的认可和赞许,在社会上产生了良好的反响。

(四)大型赛会青年志愿服务优化提升

2023 年,在第七届世界智能大会、第十四届新领军者年会(夏季达沃斯论坛)、第二届全国职业技能大赛、天津马拉松等大型赛会活动中,组织动员 28

① 《天津共青团举办“社区青春行动——寸草心”青年志愿者助老行动中期推动会》,天津共青团网,http://www.youthtj.org.cn/system/2024/07/05/030142928.shtml,最后检索时间:2024 年 9 月 16 日。

所高校的近 1 万名青年志愿者积极参与，累计服务来宾 20 余万人次，志愿服务总时长超过 18.4 万小时。在 2024 世界智能产业博览会、2024 天津国际航运产业博览会、2024 天津国际少儿艺术节、2024 天津马拉松等大型赛会上，共有来自 18 所高校 6300 余名青年志愿者参与相关赛会志愿服务，圆满完成各项赛会保障工作，累计志愿服务时长 79000 余小时。

通过多年发展，天津大型赛会青年志愿服务流程实现精细化管理，注重赛前招募、选拔、组织、培训，志愿服务精准高效，服务水平不断优化提升。一是思想引领加强。编发志愿者培训手册，摘录习近平总书记对志愿服务工作的重要指示批示精神和对青年的寄语，在赛会现场建设“志愿者之家”“志愿者驿站”“志愿者心愿墙”，打造“沉浸式”学习场景。二是选拔专业精准。坚持以政治过硬、素质优良、人岗匹配为目标，精准选拔大学生人才骨干作为大会志愿者。注重专业性，针对语言翻译、礼仪引导等岗位需求，从相关院校的英语、播音主持等专业定向招募，针对科学技术类岗位，定向招募相关专业大学生。提高精准性，结合赛会的内容和要求，对志愿者工作职责、岗位分配、上岗要求等内容进一步优化，将志愿者的性别、专业、外语级别等要求具体化，精准掌握用人需求，做到人尽其用。三是组织管理高效。探索形成由志愿者工作部、各部门联络员、高校督导教师、志愿者骨干组成的四级管理系统，实现网络化管理、模块化调度。落实通用知识和专业知识“双线”培训，提高志愿者的综合能力。抓住岗前培训动员、上岗誓师动员、出征动员三个节点，集中开展仪式教育。四是实践演练到位。组织志愿者骨干、重要岗位志愿者提前到赛会场馆熟悉点位，适应角色，摸清路线，在实际操作中增强专业服务能力。组织全员参与活动彩排和压力测试，配合工作人员共同完成志愿者专业岗位培训。

（五）青年志愿服务激励保障措施日益完善

天津通过多种方式加强对青年志愿者的激励和保障，坚持谁使用、谁招募、谁保障原则，为志愿者提供物资设备、安全保障及相应保险，完善以精神激励为主的褒奖机制，健全星级认定制度，增强志愿者的成就感和荣誉感。

一是为青年志愿者提供安全保障和购买保险。各部门、各级青年志愿服务组织坚持“能为可为、积极作为”原则,高度重视青年志愿者的安全教育和专业培训,确保青年志愿者在“志愿汇”实名注册、领取保险,保障青年志愿者的人身安全。结合不同大型赛会活动实际,为全体志愿者购买保险,提供车辆、餐饮等保障,确保志愿者的人身、食品、交通安全。

二是挖掘先进典型强化示范引领。例如制作“志愿者带你打卡智能大会”“走近达沃斯志愿者”“志愿者的十二时辰”“2024 世界智能产业博览会青年志愿者准备好了”“让志愿者的微笑成为天津最美名片”等内容的视频短片,利用团属新媒体加大宣传力度,全方位展现优秀青年志愿者风采,示范带动更多青年积极参与志愿服务。

三是积极给予精神激励褒奖。例如,大型赛会结束后及时向志愿者所属高校和督导教师发送感谢信,向志愿者发放志愿服务证书,这些均可丰富学生简历,助力学生求职创业。积极推荐优秀青年志愿者参选中国青年志愿者奖,2023 年,天津有 6 人荣获优秀个人奖。

二　天津青年志愿服务面临的挑战

虽然天津青年志愿服务发展态势良好,在服务党政大局、满足社会需求、促进青年成长、引领文明风尚方面发挥着重要作用,但是青年志愿服务仍面临一些挑战,如规范化管理需要加强;阵地和平台需要整合;专业化水平需要提升等,这些阻碍着青年志愿服务的持续深入发展。

(一)青年志愿服务规范化管理需要加强

一是青年志愿服务管理方面存在注册志愿者管理不健全、志愿服务项目运行机制不完善、青年志愿者评选表彰不规范等问题。二是青年志愿服务组织内部规范管理需要强化。一些青年志愿服务组织更注重开展活动,不重视服务的规范与质量,志愿服务内容与形式比较单一,无法得到社会认可。还有一些青年志愿服务组织存在着内部治理不规范、经费不足、人才短缺、能力有待提升等问题。

（二）青年志愿服务阵地和平台需要整合

一是阵地平台资源分配不均。部分志愿服务阵地资源丰富，活动频繁，而另一些阵地则资源匮乏，活动稀少，导致志愿服务覆盖不均衡。二是阵地平台资源整合不够。企事业单位、社会组织、高校、社区的青年志愿服务大多数还各自为战，阵地平台的资源整合共享还不充分，难以做到统筹合理利用。三是网络平台需要整合优化。全市志愿服务信息系统与“志愿汇”等信息系统的对接还不顺畅，志愿者注册、需求发布、在线报名、管理统计、资源对接等功能发挥不足。

（三）青年志愿服务项目内容需要创新

随着社会的发展变化，群众对于志愿服务的需求在不断变化，对于志愿服务项目的要求也在不断提高。青年也更愿意参与更加有趣、有意义、有挑战性的志愿服务项目。然而，目前青年志愿服务形式虽然多样，但青年更愿意参与的志愿服务类型与实际日常参与的志愿服务类型不相称。志愿服务项目创新性不足，缺乏吸引力，影响了志愿服务的效果和影响力，也难以形成良性循环的发展模式。

（四）青年志愿服务专业化水平需要提升

提升志愿服务专业化水平是满足社会多元化需求的必然要求。随着社会的进步和公众意识的提高，人们对志愿服务的需求日益精细化。一些青年志愿服务项目，在设立之初更多是做活动，缺乏系统专业的项目运行机制，导致一些志愿服务常常流于形式，难以发挥应有的效果。只有不断提升青年志愿服务的专业规范水平，才能确保志愿服务活动的有效性和可持续性。

三　促进天津青年志愿服务高品质发展的对策建议

(一)加强规范管理,健全青年志愿服务体系

认真总结青年志愿服务在组织、队伍、制度、文化、项目和国际交流等方面的经验,加强志愿服务规范管理,不断健全青年志愿服务体系。完善青年志愿者注册、认证、考核和激励等实施细则,健全社会化运行机制,建立开放性的宣传动员、招募派遣、管理服务、资源整合等制度。推动青年志愿服务阵地建设,在社区综合服务设施中配置志愿服务站点,在各类公共服务设施、窗口单位及其他公共场所因地制宜设立志愿服务站点,鼓励企事业单位等根据实际开放公共资源,为青年志愿服务提供场所和条件。以内部标准或行业标准的形态,推动大型赛会志愿服务标准等实践成果的转化。以完善星级志愿者体系标准为核心,加强激励评价机制建设,创新激励形式,完善具有鲜明青年特色的嘉许制度。健全志愿服务(时长)登记制度,推广"时间储蓄"制度,对青年志愿者的服务经历进行鉴定并记录备案,作为其在以后生活中优先享受志愿服务的依据。在项目开发、能力培养、合作交流、业务支持等方面为志愿服务组织提供有针对性的扶持,帮助提升服务能力。通过推广志愿服务组织培育和管理经验、建设优秀志愿服务组织库和项目库等方式,引领带动其他志愿服务组织科学化、规范化发展。

(二)加大部门联动,实现青年志愿服务资源共享整合优化

按照"应需而建、应建尽建、结对共建"的原则推动青年志愿服务阵地建设,推动志愿服务供需双向互动精准对接。推动各级团组织、民政部门、社会组织、企事业单位、社区、学校等建立联动合作关系,共同开展青年志愿服务活动,充分发挥各方优势,实现资源共享和整合。进一步优化志愿服务线上供给平台,精准帮助青年志愿者和服务需求方进行资源匹配和管理。建立数据共享机制,实现青年志愿服务信息的互联互通和数据的有效汇集,并通过数据分

析和交流，发现问题、总结经验，进而提供更好的服务。建立青年志愿服务的行业组织，促进行业间的合作和交流，推动行业发展，积极发挥其规范行业行为、提供专业指导和服务的作用。[①]

（三）结合时代需求，持续创新青年志愿服务项目

以社区为主场景，带领青年走进社区、走进乡村、走进基层，开发“小而美”的常态化志愿服务项目，以志愿服务项目大赛为平台，深入发掘可推广的基层项目，培育一批品类多、可推广、能复制的优秀志愿服务项目，构建丰富的志愿服务项目库。结合天津实际，打造具有前沿理念和时尚体验的志愿服务项目，探索“志愿者＋旅行”“志愿者＋交友”“志愿者＋亲子”等时尚青年志愿方式。推动多方参与和跨界动员，充分发挥社会各界人士的积极性和主动性，共同创造更具活力、更贴合社会需求的青年志愿服务项目。

（四）发挥专业特长，提升志愿服务专业化水平

一是吸纳更多有专业知识技术的青年人才参与志愿服务。积极动员教师、医护人员、工程师、专业救援人员等加入志愿服务队伍，在服务中发挥所学知识和特长，提高项目实施水平。二是推进各行各业青年志愿服务队伍建设。引导文化文艺志愿者、科技志愿者、应急志愿者、平安志愿者、法律志愿者、助残志愿者、体育志愿者等，利用专业特长为社会作贡献。三是提升青年志愿者的专业素质。培养造就一大批青年志愿者骨干、青年志愿服务管理人才。对需要专门知识、技能的志愿服务坚持先培训再上岗。实施分层分类培训，推进课程、教材、师资建设。组织志愿服务交流研讨、项目展示、经验分享，促进共同提高。

① 于程飞：《推动天津青年志愿服务工作高质量发展》，《求知》2024 年第 7 期。

参考文献:

[1]张朝晖:《着力健全青年志愿服务体系》,《中国青年报》2019 年 11 月 26 日。

[2]谭建光:《中国志愿服务:从青年到社会——改革开放 40 年青年志愿服务的价值分析》,《中国青年研究》2018 年第 4 期。

[3]广东省团校志愿服务研究中心课题组、谭建光:《中国青年志愿服务体系的构建及其价值》,《广东青年研究》2021 年第 3 期。

[4]谭建光:《中国青年志愿服务“从哪里来、到哪里去”》,《广东青年研究》2022 年第 1 期。

[5]张朝晖:《青年志愿服务的创新与未来》,《中国青年》2023 年第 21 期。

[6]于程飞:《推动天津青年志愿服务工作高质量发展》,《求知》2024 年第 7 期。

天津科技志愿服务发展报告

桂慕梅　天津社会科学院社会学研究所副研究员

徐晓斐　天津市科学技术协会组织人事部

摘　要： 科技志愿服务是推动科技现代化及经济社会高质量发展的重要力量。近年来，天津落实国家关于科技志愿服务的相关要求，科技志愿服务政策制度不断完善，队伍日渐壮大，组织管理逐步强化，活动常态开展，呈现出蓬勃发展态势。然而面对全面建设社会主义现代化大都市的新要求，天津科技志愿服务在激励保障、服务质效和项目品牌等方面的建设水平仍需进一步提升。顺应经济社会发展新趋势，推动天津科技志愿服务深入发展，需健全支持保障体系，建强科技志愿服务队伍；优化服务方式，提高科技志愿服务供给效能；运用系统化方法，打造科技志愿服务优质品牌项目。

关键词： 科技志愿服务　供给效能　优质品牌项目

科技志愿服务既是现代志愿服务体系的重要组成部分，又是公共服务的有效补充。我国科技志愿服务主要活动有理论宣讲、政策解读、文明共建、精神传承、科技培训、科技咨询、农技推广、田间课堂、科技教育、网络科普等。多年来，天津广大科技志愿者和志愿服务团队秉持"研必以报效国家为己任，学必以服务人民为荣光"的科技志愿服务精神，坚持科技为民、科普惠民，进学

本报告部分资料得到天津市科学技术协会的支持，特此感谢！文中部分组织名称按学术惯例进行了匿名化处理。

校、进社区、进乡村,不断满足公众的科技科普需求,为提升全民科学素质、服务天津高质量发展作出积极贡献。

一　天津科技志愿服务发展现状

(一)出台政策,完善科技志愿服务制度支撑

2022 年 6 月 20 日,公布实施《天津市科技志愿服务管理办法(试行)》(以下简称《办法》)。《办法》明确了天津科技志愿服务的管理部门,详细规定了科技志愿者及志愿服务组织的权益和职责,对于志愿者招募渠道做了具体说明,框定了科技志愿服务的服务及活动范围,对选树科技志愿服务典型和褒扬优秀志愿者及团队提出具体办法,指出了志愿者退出机制的具体路径等。《办法》是天津市科学技术协会结合天津科技志愿服务发展特点和实际做出的研判,是规范化管理天津科技志愿服务的重要依据,为推动天津科技志愿服务规范化、科学化运转,提高科技志愿服务效能,提升科技志愿服务水平,确保科技志愿服务持续健康发展提供了有力的制度保障。

(二)强化组织,加强科技志愿服务队伍建设

一是完善科技志愿服务组织架构。天津市科学技术协会牵头成立天津市科技志愿服务总队,总队由各市级学会,各区、高校、企业科协等科技志愿服务队构成。在天津市科技志愿服务总队指导下,各市级学会,各区、高校、企业科协及有关单位,相继成立了各级各类科技志愿服务队,服务队下设若干分队。有条件的区级学会、街道(乡镇)、社区等单独设立科技志愿服务队伍,并按属地管理原则,加入区级服务队。

二是壮大科技志愿服务队伍。天津注重团结发展科技工作者、科技爱好者和热心科技传播人士加入科技志愿者行列,大力发展科技专家、科普信息员、基层“N 长”(学校校长、医院院长、农技站站长等)等,充实基层科技志愿服务力量。通过平台注册、活动招募、项目招募等形式,汇聚更多力量加入科

技志愿服务队伍。截至2024年9月,天津有注册科技志愿者18.8万人,累计发展科技志愿服务组织4387个。2022年度、2023年度,天津市科学技术协会分别有1人被中国科学技术协会选树为年度科技志愿服务先进典型。蓟州区科技志愿服务队、国网天津武清公司"碳"路者科技志愿服务队分别被中国科学技术协会选树为2022年度、2023年度科技志愿服务先进典型。

三是提高志愿者和志愿服务团队能力。采取现场观摩、项目展示等方式让志愿者和志愿服务团队通过实地观察和亲身体验,了解优秀活动和项目的做法,以典型示范加深志愿者开展志愿服务的感受体悟,坚定弘扬志愿精神的理想信念。采取专题报告、工作研讨等形式开展对象化分众化的科技志愿服务业务培训,提高科技志愿服务的专业水平。搭建志愿者和志愿服务团队经验交流平台,在志愿服务项目设计、活动开展、志愿服务队伍建设和管理、信息化平台使用等方面给予指导,推动互学互鉴,促进科技志愿者和志愿服务团队能力的提升。

(三)常态推进,丰富科技志愿服务活动内容

天津以"惠"为导向,以"智"为特色,注重汇聚市级学会、高等院校、科研院所、社会机构等各方力量,使其充分发挥各自优长,面向社会所需、民众所盼开展形式多样的科技志愿服务活动。2022年至2023年,天津推动科技志愿服务的常态化开展,围绕民众关心的"衣食住行、业教保医"各个方面,深入基层进行理论宣讲、科普宣传、技术咨询等活动3万余场次。

其一,聚焦民生领域。天津在科普日、科技周等重要节点,围绕安全生产、健康生活、垃圾分类、食品安全、防疫减灾等提供科技志愿服务。在天津市第37届科技周和第七个全国科技工作者日期间,各区积极行动,科技志愿服务活动异彩纷呈。滨海新区科学技术协会动员全区各级科协组织、机关和企事业单位注册中国科技志愿者2798人,发布品牌项目58个,开展了2723场科技志愿服务活动,受益公众达20万人次。借助中国科学技术协会"惠民兴县"科技志愿服务项目,滨海新区科学技术协会与中国卒中学会合作,帮助汉沽中医医院申报的"卒中健康科普志愿活动项目",获得中国卒中学会批准立项。河东

区组织国家海洋信息中心、建筑工法展览馆等专业团队以实物展示、科普讲解等多种形式开展科技志愿服务,内容涵盖地理知识、健康义诊、食品安全、应急避险等,受众近千人。河北区开展贴近百姓、贴近生活的科普志愿服务活动919场,参与人数8万余人次。红桥区发布全域科普品牌“科普桃花源”,品牌包含全区32家科普成员单位,9个街道,N家高校、学会、企业等不同领域、地域的科普子品牌,形成“32+9+N”品牌矩阵。活动现场设置“科普桃花源”户外宣传展,集中展示全区全域科普成员单位,9个街道,N家高校、学会、企业等不同领域、地域的“科普桃花源”子品牌。同时进行了AR、VR、3D打印、教育类机器人等互动体验,组织小学生参观了“遨游太空”航天科普展。东丽区动员有关单位采取线上线下相结合方式开展科技志愿服务,共组织区级重点活动50余场、基层活动1100余场。北辰区持续提升“科普星期六”科技志愿服务活动品牌,每季度开展线上“科普星期六”点赞,评选“十佳活动”。

其二,关爱青少年成长。天津紧扣时代脉搏,以弘扬科学精神、普及科学知识,提升科学素养为目标,围绕青少年群体的科普需求开展科技志愿服务活动。和平区科技志愿队开展青少年科技创新大赛、科技周活动30余年;组织每年科普日、宣传知识产权等活动10余年;连续10余年面向本区“新市民”子女开展“爱心圆梦”志愿服务项目,帮助孩子实现科技梦想。和平区志愿服务队以科普教育结合红色教育、美育教育、非遗文化传承、体验教育、亲子教育等,广泛发动各中小学校,围绕科普助力“双减”,在校内外开展丰富多样的青少年科技教育活动,每年开展活动达60余项,参与人次达10万余人次。2023年,和平区挂牌设立全国青少年环境教育社会实践基地。河西区通过区域及部门联动开展科技志愿服务的方式助力青少年科普教育。2023年,河西区举办助力“双减”自然科普进校园活动,联合天津自然博物馆以及静海区、宁河区、宝坻区、蓟州区4个区的科学技术协会举办了两场“自然科普进校园”活动,通过线上形式为5个区、15个班级、600余名中小学生提供自然科学课程。河西区与天津市地震局信息中心共同启动2023年河西区“防震减灾”宣传科技志愿服务活动,向10余所小学开展地震应急科普知识宣传宣讲。南开区邀请南开大学教师为中学生作主题科普讲座,组织小学生参观科技馆,讲解科普知识,通过各类科技志愿服务活动引导青少年崇尚科学、热爱科学。宁河区通过多种方式在青少年群体中开展科技志愿服务。宁河区邀请滨海海洋科技馆共同开展科普讲座、科技展览、科学实验秀等活动,助力“双减”;联合东丽区、河西区、北辰区、西青区等开展心理知识、眼睛保护、新能源等科普知识讲座,普及健康知识;在科普教育基地开展青少年科普一日游实践活动,打造“童心向党　筑梦未来”青少年科普品牌。

其三,助力乡村全面振兴。天津涉农区立足自身优势,围绕乡村振兴重点任务,广泛开展科技惠民志愿服务。2023 年,西青区利用多种渠道解决农民对科技、科普的需求。西青区通过开展农村实用人才培训、乡村科技人才培训等加强农村重点人群科学素质培育;通过开展“科技下乡”“科普赶大集”等志愿服务活动,完善乡村基层科普设施建设、推进“科技小院”建设等增强科普惠农服务条件;通过强化“科普中国”落地应用等提升乡村基层科普信息化服务水平。北辰区深入大张庄、双口等镇村开展“科普大篷车进基层”科技志愿服务活动 20 场,举办“崇尚科学”宣传活动 26 场,组织“千名专家进基层”活动 136 余场。宝坻区以科普惠农为宗旨,把科技工作者和科技资源引向乡村,组织农技专家深入田间地头开展农业和种植养殖技术培训指导,解决农民在生产生活中遇到的各种技术难题,累计开展“科普惠农”志愿服务活动 50 余场,1500 余人受益。宝坻区科普传播之星志愿服务队主动对接区内外科技资源,组织开展“送科技下乡”“送健康科普进农村”等系列品牌志愿服务活动,打通科普服务“最后一公里”,用心服务基层群众。2022 年,该团队获得全国文化科技卫生“三下乡”活动优秀团队荣誉。[①] 静海区启动科普大篷车“美丽乡村行”科技志愿服务项目,将大篷车开进了乡村集市、农业生产现场。志愿者邀请乡村老人在农忙之余亲身体验科普设备,让老年人们切实体会到科技带来的便捷和欢乐。以“赶大集”活动为契机,通过播放科普视频、宣讲科普知识、发放宣传资料、赠送科普宣传品等志愿服务形式传播科学思想。2023 年,静海区共开

① 《天津市宝坻区:打通科普服务“最后一公里”,用心服务基层公众》,http://guoqing.china.com.cn/2023-08/14/content_102518744.htm,最后检索时间:2024 年 9 月 12 日。

展科普大篷车“美丽乡村行”科技志愿服务活动80余场次。

二　天津科技志愿服务优秀团队与项目

天津科技志愿服务优秀团队和项目通过自身的实践和探索为科技志愿服务持续健康发展提供了宝贵的经验和借鉴,在提升科技为民、科普惠民的深度和精度方面发挥了示范引领作用。

(一)蓟州区科技志愿服务队

2010年,为满足广大人民群众特别是农民不断提高的科普需求,广泛普及科技知识,蓟州区科学技术协会联合农业、林业、畜牧、水产、农机、水务、教育等相关部门和单位,组织300多名专业技术人员和“乡土人才”成立“蓟县科技志愿服务队”,2016年撤县设区后更名为“蓟州区科技志愿服务队”。截至2023年9月,蓟州区科技志愿服务队人数超过1万人。蓟州区科技志愿服务队被中国科学技术协会评为2022年度最佳科技志愿服务组织。

蓟州区科技志愿服务队聚焦农业支柱产业、围绕赋能增智、着眼现实需求,广泛普及科技知识,推广农业新品种和先进实用技术,提高农民依靠科技增收致富本领。其一,示范引领农民增产致富。积极引进食用菌种植、西瓜种植、香酥梨种植、蜜蜂养殖等先进技术,建立了食用菌、西瓜、蜜蜂、香酥梨等10个科技志愿服务基地,组织本地种养殖能手成立了科技互助组,实施“科技特派员产业帮扶”项目。通过示范基地建设和跟踪技术服务、新品种及配套技术的示范推广,采取示范与帮扶相结合的方式,给农户带来显著经济效益,并带动了本地农业产业发展。其二,推进科技下乡走深走实。蓟州区科技志愿服务队根据专业领域分成10个科技志愿服务小分队,深入实施“科普大篷车万里行”“送科技进万家”“科技赶大集”“百名专家进乡村”等项目,为农民送去科学种植养殖、蔬菜栽培、合理使用农药防虫治病、合理膳食、疾病防控等新技术和科普知识,解决农民在生产、生活中遇到的技术问题,宣传科学知识和健康生活常识,带动群众科学生产、健康生活、增加收入,促进经济快速发展。其三，提供多领域农技服务。为扩大服务范围，蓟州区科技志愿服务队成立了食用菌、西瓜、香酥梨等多个技术微信群，利用科技手段，开展在线培训、指导和答疑。利用微信平台为基地种植户提供产品营销、市场拓展、技术信息、政策咨询多种服务。及时发布预警信息，应对临时性灾害天气，最大程度减少农民损失。2022 年，蓟州区科技志愿服务队在线服务农民 2000 余人次，解决各类问题 200 多个，发布各类种植养殖管理措施 60 余个，介绍新品种及相应配套栽培技术 30 余项，通过手机视频现场答疑 300 余次。

（二）国网天津武清公司“碳”路者科技志愿服务队

“碳”路者科技志愿服务队成立于 2021 年，由国网天津武清公司、武清区科学技术协会、风电光伏电厂等单位的专业人员联合组建而成。团队以我国“双碳”战略目标为引领，主要开展“双碳”政策宣传、节能知识科普讲解、电力技术咨询等志愿服务，致力于“双碳”理念的传播和居民低碳生活意识的加强，为落实“双碳”目标实现及服务区域生产生活方式绿色转型贡献力量。截至 2024 年，团队累计开展现场支撑服务 300 余场，举办知识讲座 30 余次，提供技术咨询 500 余次，发放技术资料 6 万余份。国网天津武清公司“碳”路者科技志愿服务队被中国科学技术协会评为 2023 年度最佳科技志愿服务组织。

国网天津武清公司“碳”路者科技志愿服务队坚持通过多种形式，助推区域经济社会绿色低碳发展。引进智慧节能大棚、屋顶分布式光伏、低碳民宿等技术，建立了绿色乡村与电力“双碳”主题科普基地，利用科普基地，积极开展“碳达峰、碳中和”科普志愿服务活动。推动实施“低碳乡村科技支持项目”，带动了屋顶分布式光伏并网 2296 户，打造了李大人庄村低碳农业旅游项目、田水铺村“小兔拔萝卜”智能大棚等特色项目，有力带动了区域绿色乡村的建设和发展。坚持以塑造品牌为抓手，推动工业绿色生产方式转变。在能源“六化”领域打造了以电为核心，串联充电站、余热利用、风电场、光伏站等多个低碳场景的电力“双碳”示范 e 路线，成为武清“双碳”科技志愿服务和科普领域一张亮丽名片。面向科技谷、汽车园等园区负责人和工业用户负责人开展科普、参观、体验活动，服务幼儿园、学校等清洁采暖改造，推动清数科技园余热利用项目投产，促进了崔黄口镇 32MW 风电等项目加速并网，带动了学校用能、工业用户的绿色转型。

国网天津武清公司“碳”路者科技志愿服务队坚持进社区、进校园、进乡村，传播绿色节能生活理念，倡导“双碳”生活方式。2024 年 2 月 6 日，国网天津武清公司联合武清区文明办在“国网 e 站”新时代文明实践基地举办“我们的节日 · 春节”主题活动。活动中，国网天津武清公司“碳”路者科技志愿服务队与居民面对面，深入开展“双碳”科普宣传志愿服务活动。志愿者们一方面利用图片和文字说明绿色出行、安全用电、节约用电的必要性，解释清洁发电的科学原理。另一方面通过有奖知识问答与居民展开互动，通过问答形式，让居民加深对“双碳”科普知识的认识和理解。此外，志愿者们还引导居民体验手摇发电机、静电感应器等设备，使居民切身感受科学仪器的功能作用。志愿服务团队通过多种活动形式，在喜庆的节日氛围里普及了电力和“双碳”知识，增强了居民的降碳节能意识和能力。2024 年 6 月 3 日，国网天津武清公司“碳”路者科技志愿服务队到王庄军民小学开展“‘e’路‘童’”行电力科普志愿活动。团队志愿者通过 PPT、卡通图画和动漫视频等图文并茂的方式，向小学生们形象地讲解“电是如何产生的”，详细介绍天津办电历史、清洁能源发展、低碳出行以及安全用电、节约用电等知识。团队志愿者的讲解激发了小学生们的学习兴趣，为学生从小养成低碳绿色生活习惯打下扎实基础。2024 年 7 月 26 日，国网天津武清公司组织“碳”路者科技志愿服务队，联合武清区科协、河北屯镇人民政府在河北屯镇李大人庄村开展“根植绿色乡村建设　助力乡村振兴”科技志愿服务活动。活动中，武清公司“碳”路者科技志愿服务队发放用电知识宣传手册，围绕节能降碳、绿色出行、安全用电等内容，用通俗易懂的语言、具体生动的案例讲解家电的节能使用方法、节约用电技巧及触电急救常识，解答村民疑惑。活动促使“安全用电、节约用电、绿色低碳”的观念深入人心，促进了“双碳”理念在乡村的大众化传播。

（三）滨海新区“惠民兴县”科技志愿服务项目

2023 年 9 月，滨海新区“惠民兴县”科技志愿服务项目获得中国科学技术协会批准立项，天津市滨海新区科学技术协会（以下简称“滨海新区科协”）成为全国第一批“惠民兴县”科技志愿服务试点单位。滨海新区科协提出“创新、提升、协作、普惠”理念，围绕天津市高质量发展“十项行动”和滨海新区区委、区政府关于科普工作的要求，以国家现代农业产业园建设为重点，引导基层科学技术协会及相关单位和志愿服务团队广泛深入开展“惠民兴县”科技志愿服务活动。“惠民兴县”科技志愿服务致力于丰富精神文明建设内容，促进科技志愿服务标准化、常态化建设，不断满足人民日益增长的美好生活需要。

进行队伍建设。各开发区科学技术协会指导辖区内企业科学技术协会、科普基地等单位组建科技志愿服务队，各街镇科学技术协会指导城乡社区组建科技志愿服务队，截至2024年9月，园区内的8个街镇178个社区注册成立186个科技志愿服务队，注册科技志愿者5600人。利用多种形式加强培训，提升志愿者和志愿服务团队能力。通过现场经验交流会、品牌建设分享会、专家讲课等促使志愿者深入了解志愿精神、知晓相关规章制度、提升专业水平，促使志愿服务管理者提升团队组织和管理能力。

出台激励办法。制定出台《滨海新区科技志愿者、科技志愿服务队星级认定管理办法（试行）》，明确了科技志愿者、科技志愿服务组织星级认定的原则、条件、程序和管理等内容，依据科技志愿服务时长、次数、参与者数量和服务成效，认定为一至五星科技志愿者、科技志愿服务组织。星级认定工作每年实施一次，对服务时间较长、业绩突出、社会影响力较大的优秀科技志愿者和科技志愿服务组织，给予相应的激励嘉许。按照在“大美志愿”注册的科技志愿者、科技志愿组织、开展活动和发布感言数量，认定科技志愿者、科技志愿服务组织的等级，并把星级认定作为科学技术协会系统评优的重要参考依据。

组建科普专家人才智库。制定印发《滨海新区科普专家管理办法（试行）》，明确科普专家遴选条件及程序、专家职责和任务、管理和服务等内容，面向社会公开征集科普专家。经过组织推荐、专家评定、社会公示等程序，聘任326名热心科普事业且具有专业技术特长的科普专家，为“惠民兴县”科技志愿服务活动赋能。对科普专家比较集中的单位，建立联络员制度，组织科普专家利用专业特长开展科技志愿服务活动。充分发挥科普专家在科学传播工作中的重要作用,推进科技志愿服务标准化、常态化建设。

开展多种活动。动员滨海新区辖区内各部门积极开展“惠民兴县”科技志愿服务活动。举办滨海新区“惠民兴县”科技志愿服务项目暨“新春走基层”科技志愿服务启动仪式,向滨海新区“惠民兴县”科技志愿服务队、滨海新区农业农村委科技志愿服务队、北大医疗海洋石油医院科技志愿服务队等 18 支“惠民兴县”科技志愿服务队代表赠送“惠民兴县”红马甲和旗帜。天津市农村专业技术协会与太平镇、小王庄镇、汉沽街道、茶淀街道、海滨街道、寨上街道,滨海科技馆科技志愿服务队与太平镇后十里河村,ZKLH 科技志愿服务队与太平镇友爱村,ARQ 科技志愿服务队与小王庄镇科协,HZKC 惠民科技志愿服务队与杨家泊镇辛庄村分别签约,共同建设“惠民兴县”科技志愿服务项目。ARQ 科技志愿服务队向小王庄镇科协捐赠价值 20 万元的人工智能教学平台,帮助小王庄镇科协培养青少年科技创新人才,全面提升学生综合素质。链接辖区外优质资源丰富“惠民兴县”科技志愿服务活动。联合中国康复学会、中国卒中学会、中国心理学会、中国自动化学会、中国航空学会、中国农学会、中国水产学会、中国城市科学研究会 8 家全国学会,开展 15 场科技志愿服务活动。活动内容包括慢性病康复科普、健康咨询、专家义诊、水果种植、海水鱼养殖技术推广、人工智能知识科普、航空科普研学等,让广大人民群众了解前沿科技成果、提高全民科学素质。

(四)天津中德物理创新与应用科普基地“薪火科普”志愿服务项目

“薪火科普”志愿服务项目是由天津中德应用技术大学物理创新与应用科普基地于 2018 年创立的特色项目,主要面向在全国远离大型科技馆郊区、乡村青少年,利用科学设备,开展科技普及和科技创新等志愿服务活动。该项目旨在引导青少年群体对科学产生浓厚兴趣,挖掘青少年群体的科学家潜质,进而为提高全民科学素质作出贡献。天津中德物理创新与应用科普基地“薪火科普”志愿服务项目被中国科学技术协会评为 2023 年度最佳科技志愿服务项目。

利用优势,推动科学技术思想广泛传播。发挥高校技术人才和科技创新优势,项目团队自主研发便携式物理科普仪器 30 多种,拥有国家专利 53 项,成果转化 22 项。项目团队利用科普基地积极开展科技志愿服务活动。2023 年 9 月 15 日,项目团队在天津市物理学会、天津市津南区科学技术协会等单位的支持下,在天津中德应用技术大学物理创新与应用科普基地举办全国科普日体验活动。活动中,项目团队展出了基地自主开发和制作的 30 余件物理演示与科普通用的实验装置,包括演示航天器如何调整姿态的角动量守恒演示装置,演示飞机升力和弧线球原理的伯努利效应与马格努斯效应演示装置等。志愿者们还应用光的偏振原理拼出了"提升全民科学素质、助力科技自立自强"的科普日主题。来自津南区实验小学、辛庄中学、咸水沽四中等学校的师生参加了活动,展品研制过程中的阶段性作品以及授权的专利等创新成果激发了青少年的创新热情,学生在观展以及与志愿者的互动中,切身体验了无处不在的物理知识。①

整合资源,促进科学教育与思政教育融合发展。依托物理实验室及物理科普基地,项目团队与天津、新疆和山西等地区的社区和中小学共建 12 个"流动科技馆"作为校外实践阵地,开展科技志愿服务。项目团队先后与津南区葛沽镇第一中学、津南实验小学、海教园南开学校、辛庄中学、辛庄小学等多所学校共建了"流动科技馆",利用自主研发、拥有国家专利的便携式物理科普仪器,定期开展科普体验活动,为同学们带来集爱国教育、激发兴趣、普及知识、动手实践、启迪创新于一体的科普实践活动。同时项目团队有针对性地与海教园南开学校初中部和辛庄中学初中部开发课后"物理素拓"课程,按照声、光、力、热、电分类建立了 13 个物理科学专题,开展科技志愿服务,新颖的科学探索和体验课堂深受中学生的喜爱。② "薪火科普"志愿服务项目不仅生动演示了科学原理,更融入了党史知识,启发了家国情怀,将科学教育与思政教育

---

① 《天津市物理学会、天津中德应用技术大学物理创新与应用科普基地联合举办 2023 年全国科普日主场活动》,https://www.tast.org.cn/sjxh/system/2023/09/19/030020336.shtml,最后检索时间:2024 年 9 月 13 日。

② 《本市各高校发挥实践育人功能 提高中小学课后服务质量——大学师生走进中小学校园参与"课服"》,《天津教育报》2021 年 11 月 1 日,第 1 版。

相结合。

拓展服务,营造公众参与科技创新社会氛围。项目团队与 24 个社区的新时代文明实践站建立长期科普合作关系,指导大学生志愿者组建“薪火科普团”,定期开展科普活动。探索新模式,延伸志愿服务触角。利用大学生志愿者寒暑假返乡的契机,让大学生携带科普仪器,把创新的科普宣讲和科学仪器体验活动带回家乡,并积极组织和培训其他高校的大学生志愿者推广活动模式,以实际行动践行高校大学生志愿者的责任担当,将科技志愿服务范围拓展到全国。2021 年,项目团队到津南区双桥河镇东泥沽村,在村民中开展科技志愿服务。志愿者们一边示范,一边讲解各个科普展品的原理。很多村民表示,科学真神奇,有的村民甚至现场录视频发布到了抖音账号,自觉做起了科普宣传的志愿传播者。[①]

三　天津科技志愿服务存在的不足

天津有力推进科技志愿服务扎实深入开展,科技志愿服务涵盖多个领域,呈现出蓬勃发展态势。但是与新时代对科技志愿服务的新要求相对照,科技志愿服务还存在一些不足,如支持保障体系不够完善、服务供给质效较低、项目品牌建设力度不强等,制约了科技志愿服务持续健康发展。

(一)支持保障体系有待进一步完善

一是激励回馈方式不够多样。目前天津科技志愿服务的激励回馈方式有典型选树、精神嘉许、事迹宣传、项目支持等,主要围绕社会荣誉的激励形式开展。二是激励回馈措施的推行范围存在局限性。各个管理部门各自拥有一套激励机制,部门之间欠缺信息与资源共享的机制,全市范围内统一的协调机制与激励机制难以确立。三是保障资源分布不均。因经费有限,除了个别单位

① 《双桥河镇东泥沽村开展“流动科技馆进基层”科普体验活动》,http://wenming.enorth.com.cn/system/2021/11/04/052006446.shtml,最后检索时间:2024 年 9 月 13 日。

或个别项目外，大多数情况下科技志愿者难以得到必要的误餐费、交通补助费及人身保险等基本保障。志愿者正当的权益和诉求得不到满足，影响科技志愿服务的深入开展。

（二）服务供给质效有待进一步提高

一是供需不匹配。一方面因缺乏对科技志愿服务的深入了解，公众不能明确表达所需要的科技志愿服务；另一方面志愿者和志愿服务团队对科技志愿服务的内容存在片面理解，只考虑能提供何种服务，而对公众实际需求或是缺乏必要的感知、或因事前没有调查而不了解公众的真实想法，致使所提供的志愿服务存在盲目性和随意性。二是服务效能不高。有些志愿服务的组织管理方在招募志愿者时没有充分考虑志愿者的知识素养、专业技能等情况，而是简单地将志愿者分配到岗位上，使得所提供的志愿服务与公众需求贴合得不够紧密，降低了志愿服务效能。三是服务质量参差不齐。由于缺乏评价机制，科技志愿服务的质量往往因人而异，难以保证提供经常性的高品质服务，甚至出现品质低劣的服务，由此损害了科技志愿服务的形象，降低了公众对科技志愿服务的信任度和满意度。

（三）项目品牌建设力度有待进一步加强

一是策划不足。一些科技志愿服务组织对项目品牌建设的重要性认识不足，服务目标模糊不清或过于宽泛，欠缺清晰的发展思路，对所开展的服务类型、方式、主题和活动内容缺乏预先设定，活动的开展存在应急性和碎片化的特点。二是持久性不够。一些科技志愿服务组织只关注项目品牌的短期目标，缺乏长远规划，致使项目品牌发展动力不足。欠缺足够的资金支持，无法在项目品牌建设上投入足够的资源。志愿者的流动性大，导致项目在运行过程中难以保持稳定性和连续性。三是社会影响力较弱。一些科技志愿服务组织提供的服务没有显著的特色和亮点，难以给公众留下印象。由于缺乏有效的宣传策略和渠道，宣传内容缺乏吸引力，导致公众对项目品牌的认知度较低。

四 深化天津科技志愿服务发展的对策建议

科技志愿服务有效动员社会力量推动全民科学素质提升,激发社会创新活力,是科技现代化的重要组成部分。在天津全面建设社会主义现代化大都市的新征程中,需要进一步汇聚科技志愿服务力量,健全科技志愿服务体系,促使科技志愿服务在经济社会高质量发展中作出更大贡献。

(一)健全支持保障体系,建强科技志愿服务队伍

第一,健全激励褒奖制度。制定并出台科技志愿者星级资质认证管理办法,对科技志愿者星级资质认证的原则、标准、程序等作出明确规定。创新荣誉表彰办法,如对服务时间较长、业绩突出、社会影响较大的科技志愿者及志愿服务团队,在学习培训、国际交流、考察休假中优先考虑,在项目评审、奖项评定中给予政策倾斜等综合施策,增强志愿者的成就感和荣誉感。

第二,增加激励机制。建立积分兑换回馈机制,统筹协调资源,扩大积分兑换选项,通过积分兑换实物、积分兑换消费折扣等激发志愿者参与科技志愿服务的热情。加强部门联动回馈机制。推动科学技术协会与交通、医疗、教育、文化和旅游等部门的协调联动,通过部门间协商或签约,对科技志愿者和志愿服务团队在公共交通、体检医疗、公共文化场馆等方面给予适当优惠待遇。联合相关部门,推动各级各类学校将学生参加科技志愿服务情况纳入评优评奖体系及实践学分管理。

第三,健全支持保障举措。明确科技志愿服务组织者职责,为志愿者提供必要物资设备和安全保障及相应保险,对志愿者进行安全培训。建立科技志愿服务基金,为符合条件的志愿者和组织提供资助和支持。创新激励办法激发社会力量参与捐赠,扩充资金筹措渠道,形成财政拨款、市场捐赠、企业赞助为重点的多元化经费支持网络,推动科技志愿服务事业可持续发展。

（二）优化服务方式，提高科技志愿服务供给效能

第一，运用“互联网＋实地调研”方式，明确供需双方信息。充分利用中国科学技术协会数字平台、天津志愿服务网等，实现供需信息的实时发布。开展线上或线下问卷调查、实地访谈和座谈等，一方面可以尽可能全面了解公众对科技志愿服务的需求，包括需求领域、服务方式和期待效果等；另一方面可以尽可能全面掌握科技志愿者的个人信息、教育背景、专业特长和技能、服务意向等。通过对收集到的信息进行整理和分析，识别出重点需求领域和群体，为科技志愿服务供需精准对接提供科学依据，避免志愿服务的盲目性和随意性。

第二，创新服务供给机制，实现供需精准对接。其一，建立定制化供给机制，定制化供给机制坚持需求导向，侧重在调研中发现公众最迫切的需求和最现实的问题，通过优化“公众出需求清单—志愿者或志愿服务团队按专业‘接单’—市科技志愿服务总队综合统筹”服务流程，为不同领域和不同群体提供定制化科技志愿服务方案，并以严谨的工作态度调动配置资源。其二，建立菜单式服务供给机制，立足志愿者专业特点和自身优势，制定详细的服务供给菜单，涵盖科学普及、技术推广、医疗卫生、防疫减灾等内容，明确每项服务的具体内容和标准，通过各类志愿服务信息平台进行发布。公众可根据自身需求选择合适的科技志愿服务项目和志愿者。其三，建立协同共建式服务供给机制，以目标为导向，鼓励市级学会、高校、各区和企业科学技术协会深入基层，与基层相关单位建立合作关系，利用定期交流和项目合作等方式加强双方的信任和理解，针对基层实际问题开展精准科技志愿服务。

第三，建立评价反馈机制，提升科技志愿服务质效。首先，制定科学合理的评价标准，一般包括服务的质量、效率和满意度等，可以从服务效果、志愿者表现和社会影响三个维度设置评价指标。其次，收集评价反馈信息。利用信息数字平台、定期座谈等方式收集服务对象和志愿者的反馈意见，了解他们对服务的满意度以及改进服务的建议。最后，分析反馈信息并提出改进办法。对收集到的反馈信息进行分析和总结，可以利用内部评估小组的方式进行，也可以引入第三方评估。通过强化评价反馈机制，及时发现问题，解决问题，不

断提升志愿服务的质量和效果。

(三)运用系统化方法,打造科技志愿服务优质品牌项目

第一,注重策划,明确科技志愿服务品牌项目的定位与目标。通过问卷调查、访谈座谈、实地调查等方式,明确公众所需,结合志愿服务团队自身具备的能力、资源,找准服务领域,精确定位服务对象和服务内容,明确提出品牌项目的愿景、内涵和长远发展思路。明确品牌项目的服务标准、岗位职责和工作流程。

第二,高效执行,加强品牌项目的精细化管理。组建由科技专家、志愿者管理人员、宣传人员等组成的项目管理团队,确保项目实施的专业性和高效性。根据项目需求,招募具有相关专业背景和技能的志愿者,对志愿者进行系统培训,包括科技知识和技能、沟通技巧等,保证志愿者能够提供优质的科技志愿服务。根据受众需求和项目目标,精心策划志愿服务活动,确保服务活动的针对性和实效性。在活动执行过程中,注重对活动流程各个环节的把控,着重细节管理,确保服务活动顺利进行。

第三,突出特色,加大品牌项目的推广力度。精心设计品牌项目标示、宣传语和服装等。以特色鲜明的外观表现品牌项目的精神内涵,使公众加深印象。根据品牌项目特征、目标受众等制定长期推广策略,分阶段开展宣传,通过发布品牌项目动态、成功案例,扩大影响力。扩宽推广渠道,综合利用各类媒体进行宣传,增加品牌的知名度。通过举办和参与论坛会议等,树立品牌项目的形象。利用公众参与科技志愿服务的口碑传播,提高品牌项目的声誉。

参考文献:

[1]郑念、王丽慧主编:《科技志愿服务的理论与实践》,社会科学文献出版社,2021。

[2]凡庆涛、潘锐焕、何丹等:《我国科技志愿服务发展现状与对策研究——面向多主体的问卷调查与深度访谈分析》,《科普研究》2023 年第 2 期。

[3]谭建光:《中国式现代化与志愿服务引领需求——学习和领会党的二十届三中全会精神》,《广东青年研究》2024 年第 3 期。

[4]张晓红、陈思寒:《大学生科技志愿服务的参与路径研究》,《中国志愿服务研究》2023 年第 1 期。

天津志愿服务平台发展报告

刘雁军　天津津云新媒体集团副总经理、副总编辑
姚　青　天津津云新媒体集团项目经理
孙佳怡　天津津云新媒体集团编辑

摘　要： 天津志愿服务平台自成立以来已走过十年，形成了全市"一张网"的工作格局。平台不断完善"互联网 +"志愿服务模式，持续进行技术创新和迭代，优化志愿者体验，提升志愿服务效率。随着志愿服务迈入新发展阶段，天津志愿服务平台也面临着技术升级与信息安全等诸多挑战，亟须进一步创新体制机制，以便为更多愿意服务社会的个体、组织等提供渠道、载体与机会。

关键词： 志愿服务　体系建设　"互联网 +"　志愿服务平台

党的十八大以来，以习近平同志为核心的党中央高度重视志愿服务工作，我国志愿服务蓬勃发展。党的二十届三中全会通过的《中共中央关于进一步全面深化改革、推进中国式现代化的决定》指出，要"健全社会工作体制机制，加强党建引领基层治理，加强社会工作者队伍建设，推动志愿服务体系建设"，为在中国式现代化建设中发展和完善志愿服务体系指明了前进的方向。新时代志愿服务发展进入制度化、常态化新阶段，面临新的机遇与挑战，数字化建设将成为推动其高质量发展的重要途径。

一　天津志愿服务平台建设成效

2013 年 12 月 5 日，由北方网（现为津云新媒体）承办建设开通天津志愿者

平台（以下简称“平台”）。根据中央《关于推进志愿服务制度化的意见》的要求，平台于2014年12月5日完成升级改造。2017年12月1日，《天津市志愿服务条例》施行，将平台的发展纳入法治化轨道。2018年，平台再次升级，依托津云客户端推出“志愿天津”手机功能和“云上志愿天津”微平台。2021年4月，为优化用户体验，提升志愿服务效率，“志愿天津”小程序上线。小程序具有志愿者注册、登录、报名参加志愿服务活动和团队、根据定位自主打卡签到计时以及团队创建人发布活动、审核成员；新闻浏览、服务排行等功能。至此，天津志愿服务的信息化矩阵正式形成，在全市志愿服务工作中发挥着至关重要的作用。

目前，平台已成为全市志愿服务招募注册、培训记录、激励考核的主阵地，对全市志愿服务进行组织管理、推动供需对接，同时也是广泛宣传志愿服务理念和成果的互联网媒体平台，为天津市志愿服务信息化建设、制度化管理提供了强大的支撑。平台已在全市形成“一张网”的工作格局，在志愿服务工作制度化、规范化、专业化和常态化方面发挥了重要作用。截至2024年12月，全市注册志愿者超306.32万人，达到常住人口的22.27%，注册志愿服务团队2.66万余支。

（一）助力规范志愿服务管理

一是确保志愿服务的真实性。平台采取一系列创新措施，不断优化服务流程、强化管理机制，以构建一个更加安全、可靠的志愿服务平台。为了确保志愿者身份的真实性和服务的可信度，平台严格执行实名注册与认证制度。志愿者在注册时，必须使用本人手机号进行实名验证，并按照《中华人民共和国网络安全法》的要求，提交相关身份信息。这一举措有效避免了“被注册”现象的发生，确保了每一位注册志愿者均为真实存在、自愿参与的个体。

二是强化志愿服务的规范性。志愿服务记录的准确性和客观性对于衡量志愿服务效果、激励志愿者积极性具有重要意义。因此，平台为活动组织者提供手机扫码记录服务时长的功能。这一功能能够精准、客观地记录志愿者的服务情况，避免了以往志愿服务记录中存在的主观性强、“人情分”多、缺少量化依据的问题。志愿者可以通过平台随时查看自己的服务记录,了解自己的服务贡献,从而更加积极地参与志愿服务。为了更全面地评估志愿者的服务质量和活跃程度,平台自 2017 年起推出《天津志愿服务指数报告》,并不断完善科学量化考评机制。在重视志愿者注册数量的同时,更加注重志愿者的活跃程度和服务质量。通过大数据分析和科学评估,能够准确地了解志愿者的服务表现和贡献度,为志愿服务的表彰和激励提供有力支持。

三是优化志愿服务的资源配置。平台自建立之初,就明确了自身的使命——构建一个便捷、高效的志愿服务信息平台。通过平台,天津市志愿者实现统一注册、集中管理,避免了分散注册带来的不便,这大大提高了志愿服务的组织效率,使得志愿者资源的调配更加灵活和高效。通过精心设计和功能升级,实现了志愿者与志愿服务的无缝对接。无论是寻找志愿服务机会的志愿者,还是需要帮助的受助对象,都能在平台上找到属于自己的那份温暖和力量。在志愿服务资源的配置过程中,精准匹配至关重要。因此,平台对各类志愿服务项目进行细致地筛选和分类,形成了扶弱助残、治安消防、文明礼仪等 44 个服务项目。同时,平台展示志愿者的性别、年龄、学历、服务特长以及可提供服务的时间等志愿服务相关信息,让志愿者在加入团队时,团队创建人也能选出与其团队更加匹配符合的志愿者,有效提升了志愿服务的质量和效果,让每一份爱心都能发挥最大的作用。

(二)开展志愿服务宣传

平台作为一个集中的信息发布平台,持续更新志愿服务活动、团队等相关信息,便于市民了解志愿服务的最新动态,从而提升了志愿服务的可见度和社会认知度。

平台积极创新宣传方式,利用信息化矩阵,如天津志愿服务网、天津志愿手机客户端和微信小程序等,为志愿服务团队和志愿者提供便捷的服务。例如,“志愿天津”小程序当中的团队页面、活动页面在发布后可直接通过微信进行实时分享,更加方便志愿者了解、报名。同时,平台涵盖志愿新闻、通知公告、各区风采、志愿服务典型等多个栏目,通过展示天津志愿服务的成果和亮点，如志愿服务项目的创新实践、志愿者的先进事迹等，不断扩大志愿服务的影响力。近年来，依托平台常态化开展“百姓志愿　百姓实践　百姓美好生活”“津彩分呈”垃圾分类、文明交通、各类节日主题相关等志愿服务活动。平台通过展示天津志愿服务的成果和亮点，如志愿服务项目的创新实践、志愿者的先进事迹等，有效塑造了天津志愿服务的良好形象，提升了天津作为“志愿之城”的美誉度。

平台在2024年升级后，进行全新的配色设计，涵盖“各区典型”“志愿文化”“他山之石”等栏目，打造“点亮微心愿”“邻里守望”“津志集”等重点公益项目，进一步做好志愿服务典型案例梳理、总结、发布，推广优秀工作经验。做好天津市历年志愿服务“四个100”“六个一批”优秀典型梳理、宣传、发布工作，弘扬志愿服务精神。

（三）协同打造志愿服务品牌

平台为各类志愿服务品牌项目的成长提供了坚实的基础和良好的条件。十年来，平台在志愿服务品牌上不断推陈出新，例如成立于2015年、至今已有近十年“队龄”的“宝坻区一家亲青年志愿服务社”。该社团已经在平台开展活动千余场，通过广泛开展帮孤助残、扶贫济困、爱心献血、文明出行、科普宣传等多样化的志愿服务项目，志愿服务品牌效应进一步凸显，吸引了来自全国和全市各兄弟区的志愿服务组织前来交流学习。再如注册在河北区光复道街林古里社区的“河北区光复道街枫叶正红老年志愿服务队”。团队中大部分成员是银发老人，平均年龄64岁，多年来他们坚持打造“枫叶正红 为老助老 银发更美”志愿服务品牌，具体实施的项目包括义务理发、为老年人拍照、青年技能培训、为特殊家庭提供服务、慰问部队、司法宣传与治安服务、义务指路等。担任团队队长的孔令智老人获评天津市道德模范、2021年度全国学雷锋志愿服务“四个100”先进典型“最美志愿者”。又如市级团队“平津战役纪念馆红色文化志愿服务队”。目前依托天津志愿服务平台，团队注册志愿者已达1120人，超千人的团队成员意味着更广泛的资源和网络，能够覆盖更多的受众，从而使志愿服务品牌更加深入人心。

这些志愿服务品牌如同从土壤中汲取养分,借助平台的支持和资源,不断成长壮大,最终绽放出独特的光彩和魅力。这些“果实”不仅展示了志愿服务的价值,还通过其优质的服务和独特的品牌形象,吸引了更多的志愿者和受助者,进一步提升了志愿服务的影响力和社会认可度。平台和志愿服务品牌之间的关系是紧密相连、相互促进的,平台可为志愿服务提供成长的土壤,优秀的志愿服务品牌同样可推动平台的持续发展和壮大。岁月如歌,笔墨成诗,平台与志愿服务品牌共同书写着爱与坚守的美丽篇章。

二　天津志愿服务平台特色

(一)通过运用创新技术提升志愿者使用体验

平台构建了一套先进的数字化管理系统,实现志愿者注册、项目发布、活动报名、时长记录、证书生成等全流程的线上操作。利用大数据和云计算技术,对志愿者信息进行智能分析,为志愿者推荐合适的服务项目,提高匹配度与参与度。

十年的发展历程可以说是从电脑端到移动端的多元化创新发展探索。2018 年,依托津云客户端推出的“志愿天津”手机功能和“云上志愿天津”微平台,为活动组织者提供手机扫码记录时长功能,在技术层面保障了记录的精准性与客观性。2021 年 4 月,为优化用户体验、提升志愿服务效率,“志愿天津”小程序上线。小程序可实现志愿者注册、登录、报名参加志愿服务活动和团队、根据定位自主打卡签到计时;团队创建人发布活动、审核成员;新闻浏览、服务排行等功能。

(二)依托津云大数据平台实现志愿数据管理与分析

平台配备了大容量内存、高速固态硬盘和强大的处理器,为网站运行提供了坚实的硬件基础。自研的 Java 语言安全开发框架获得工信部网络应用技术示范点的认证,负载均衡的部署模式可支持百万级用户访问,并采用敏感数据加密存储模式，符合三级等保要求，提供稳定的三方对接接口。同时，除了对已有数据进行加密外，还对源数据进行抽取、交互转换和加载，构建志愿者数据仓库，并通过数据仓库提供数据对接服务。

依托“津云”大数据平台，志愿服务指数报告构建了一套完整的指标体系，全面反映志愿服务的发展状况。这些指标包括志愿者数量、志愿服务参与率、志愿服务组织数量、志愿服务时间等。通过精准的数据解读，对全市各区志愿服务工作进行量化评估，能够真实、全面地反映志愿服务发展状况，为各区提供了一个直观、可比的志愿服务发展水平的量化指标。通过志愿服务指数的评估结果，各区可以清晰地了解到自身在志愿服务工作中的优势和不足，从而有针对性地制定改进措施和发展规划，推动天津志愿服务工作的规范化发展，提高志愿服务的专业性和效率。多年来，志愿服务指数报告收集各方面的反馈意见，对报告进行持续改进和完善，以更好地反映志愿服务的发展状况。

（三）搭建网络服务平台促进志愿服务更加精准

“志愿和平”网络服务平台是天津市和平区为推广和深化志愿服务工作而依托天津市志愿服务平台规划建设的。该平台在促进志愿服务管理规范、服务项目常态开展、供需精准对接以及志愿服务品质提升等方面发挥了重要作用。“志愿和平”设立在津云客户端中，开通了实名认证、推荐审核、菜单发布、供需对接、记录兑换、互动评价、信息发布、定位搜索、留言反馈九大功能，满足了志愿服务个性化定制的需求。

用户点击“我要求助”，输入联系电话、标题、求助地点、求助描述、求助开始时间和求助时长后，选择求助属地，如果对志愿者的年龄、性别有要求，也可以进行选择。求助需求信息会发送到属地管理员后台，属地管理员在管理后台审核通过需求后，该需求将对外展示，并等待志愿者接单。如果需求在一定时间内未被接单，则由管理员直接进行统筹协调。志愿者点击“我来帮助”后，可以看到审核通过的所有用户需求，根据自身情况可选择个人接单，如果志愿者是团队创建人，还可以“团队”身份接单。接单后，供需双方进行精准对接，在服务结束后，用户可通过电子签名形式为志愿者确认时长并进行服务评价，从而使志愿服务过程更加规范和透明。供需对接简单快捷，而且求助者和志愿者双双“实名认证”，也保障了志愿服务的真实性和安全性。百姓的求助信息或通过志愿者在线“抢单”、或通过管理员“派单”的方式得以“接单”，有效实现供需精准对接。“志愿和平”在全国首创志愿服务供需精准对接的模式，成为全国志愿服务、基层治理的标杆。

三 天津志愿服务平台面临的挑战

如何通过“互联网＋”推动志愿服务进一步融入国家治理体系，发挥其在促进社会和谐、增强社会凝聚力等方面的作用，是需要思考并付诸实践的时代课题。

(一)网络管理亟待统一

当前，志愿服务的网络管理仍存在碎片化现象。志愿者的注册信息、服务记录和反馈意见等数据，若无法有效整合，将在很大程度上限制数据的有效利用，将难以形成全面的志愿者画像，进而影响服务的精准性和针对性。应利用大数据、云计算等技术，对志愿服务需求进行地域、领域、对象等纬度的分类与整合，形成完整的志愿服务需求网络，并以数字化方式动态公开呈现。这不仅有助于志愿者、志愿组织、政府监管者掌握志愿服务需求的动态变化，还能为精准对接志愿服务供需关系提供有力支持。

(二)服务模式亟待创新

随着社会的持续发展，人民群众对美好生活的追求表现出日益增长的多样化、多层次和多维度特征。这一变化不仅对志愿服务提出了新的挑战，也对平台在服务方面提出了更高的要求。首先，志愿服务的内容和形式日益多元，涵盖了应急救援、公共卫生、文化传播等多个领域。这种多样化的需求要求志愿服务平台具备丰富的服务资源，并能够灵活调整服务模式，以适应不断变化的社会需求。其次，随着服务项目的不断丰富，志愿服务平台需要提供必要的技术支持,以保障项目的制度化和规范化。此外,志愿组织的数量持续增加,尤其是近年来“两企三新”组织的积极参与,对平台的功能完善提出了更高的要求。这些新兴组织在志愿服务中的参与,要求平台能够提供多样化的支持服务,包括资源整合、信息共享和能力建设等。

四　天津志愿服务平台发展的对策和建议

(一)加强平台顶层设计与规划

在数字化转型的背景下,志愿服务体系与数字技术的深度融合显得尤为重要。为此,平台要重点推动志愿服务全链条的数字化改造与升级,构建一个高效、协同的志愿服务生态系统。基于全市“一张网”的基础,结合现有志愿服务品牌的特色,进行精准定制,搭建志愿服务区级统筹平台。这一平台旨在调动区内的服务、人才和资源优势,形成“一区一品牌”的新格局,从而提升全市志愿服务的整体水平。在此过程中,跨界合作与资源共享是实现目标的关键。以市级平台的“积分兑换”和“志慧学堂”为例,各区及相关部门可结合自身特色资源,进行个性化定制开发,推动跨界合作。通过树立“供需适配”的理念,以点亮微心愿和邻里守望为切入点,打造个性化的“菜单式”志愿服务模式,以满足群众多样化的需求,推进供需对接,实现志愿服务的精准化和高效化。

(二)完善平台制度建设和管理

制度建设和管理是平台建设的首要任务,能确保志愿服务的标准化、规范化和常态化。因此,需要不断加强志愿者注册管理工作,规范志愿者证的申领流程与功能,确保志愿者证的高效管理与使用。平台要进一步明确志愿者证的多项功能,使其不仅作为身份凭证,还能查询个人资料、服务时长等信息,确保线下使用的便捷性。此外,提高突发事件“一键响应”的调动能力也至关重要。为此,需强化志愿者队伍的管理。在志愿者和志愿服务团队的注册过程中,严格审核具备特长的志愿者和团队的资质,收集并整理应急志愿者的个人信息、专业技能和联系方式,建立全面的志愿者信息库,以便在突发事件发生时,能够快速匹配合适的志愿者。此外,通过线上线下培训,发展更多专业化的应急救援志愿者和服务团队,增强整体应急响应能力。

(三)丰富平台应用场景和领域

平台要面向一老一小、残疾人、低收入群体等重点对象,实施“邻里守望”“关爱健康”等针对性的志愿服务项目,找准人民需求,精准提供服务。同时,作为信息化的支撑和载体,平台在志愿服务项目孵化基地的可持续发展中扮演着核心角色:它能够提高志愿者资源管理的效率,跟踪项目进展,评估项目成效,进而优化资源分配,提高孵化效率。在全市“一张网”的顶层设计框架下,志愿服务项目孵化基地可以更有效地挖掘和衔接政府资源、社会资源和市场资源,实现资源的优化配置和共享。

(四)提高平台培训能力和水平

平台要按照“提高能力素质 实施分层分类培训”的要求,增加“志慧学堂”功能模块,提高志愿者能力素质。“志慧学堂”采用“视频教学+答题测验”的教学模式,为志愿者提供培训服务。培训内容涉及志愿服务流程讲解、反诈宣传、党建学习等理论方面,还邀请专业人士提供急救、理发、烹饪、育儿、理疗等系列技能培训。这意味着越来越多专业力量加入志愿服务队伍,他们不仅为社会公共服务提供了重要的补充,同时也通过“志愿时长换购基础课”“折扣参与线下实践活动”等形式为自身发展“造血”。“志慧学堂”不断孵化“技能型志愿者”,让志愿者“持证上岗”,实现社区高级志愿服务常态发展。

(五)扩大平台宣传广度和力度

推广和宣传志愿服务是提高社会认知度的关键策略。平台应强化志愿服务的宣传力度,深化志愿精神的社会影响力,激发个体内在的社会责任感、道德意识和公众参与意愿,促使志愿服务成为一种自发行为。要宣传更多易参与、好上手的“小而美”项目,如“微心愿”的线上收集与展示。如“邻里守望”,

通过“点单派单”的方式，实现邻里间急难愁盼问题的快速有效解决，同时方便群众就近参与志愿服务，满足群众日常生活所需。如“津志集”，以区为单位，定期开展线下志愿服务公益市集活动，可通过平台实现公益市集的在线报名与遴选，同时还可开展线上市集，作为线下活动的补充与延伸，让群众感受志愿服务氛围，支持志愿服务发展。

（六）夯实平台技术支撑和保障

数字化手段的应用是推动志愿服务高质量发展的重要保障。需强化技术支撑与安全保障。全新升级的天津志愿服务平台在安全性方面进行了全面提升，配套的安全风险监测预警系统升级至3.0版本，能够实现数据安全、监管规范和智能预警，保障用户信息安全，提升平台整体安全性。此外，要推动天津志愿服务平台鸿蒙版上线，构建国产化的完整生态系统，从生态层面增强平台的安全保障。

区域实践报告

滨海新区志愿服务发展实践

杨 政 天津社会科学院社会学研究所助理研究员

摘 要： 滨海新区志愿服务事业在2024年取得了长足发展。全区各街镇社区积极开展各具特色的志愿服务活动，各功能区因地制宜开展志愿服务，各部门专项志愿服务也呈现出蓬勃发展的态势。滨海新区泰达街的志愿服务实践创新最具特色和代表性。目前，滨海新区志愿服务事业虽然存在资源基础不够牢固、志愿服务队伍结构不够稳定、激励机制不够完善、供需匹配水平有待提高等诸多问题和挑战，但是今后采取增强资源链接能力、壮大志愿服务队伍、完善激励保障机制、提高志愿服务供需匹配水平等举措，滨海新区志愿服务事业发展有望再上新台阶。

关键词： 志愿服务体系 志愿服务项目 实践创新

一 滨海新区志愿服务发展成效

近年来，滨海新区立足高质量发展支撑引领行动，持续完善志愿服务制度

本报告部分资料得到中共天津市滨海新区区委社会工作部的支持，特此感谢！

和工作体系，不断加强志愿服务能力建设，在志愿服务实践中积极探索创新，全区志愿服务事业获得了长足发展。

（一）街镇社区积极开展各具特色的志愿服务活动

滨海新区十分重视志愿服务事业发展，街镇层面的志愿服务建设工作已全面铺开。总体来看，滨海新区各街镇在志愿服务建设中都十分重视将基层社会治理与社区社会工作结合起来。各街道社区立足各自实际情况和现实需求，通过不断实践，逐步探索出各具特色的志愿服务项目。杭州道街以社区为突破口，通过开展志愿服务活动共筑社区美好家园。寨上街 2024 年重点实施新时代文明实践“十所百站”示范工程，重点打造 10 个标杆所、100 个示范站。塘沽街积极打造“微实事广场”志愿服务活动品牌，常态化帮助群众解决日常生活中的不便。新北街欧美家园社区积极打造“1314 家园 e 站”为老服务品牌。裕川家园社区全力打造“情暖桑榆”关爱空巢老人志愿服务项目品牌。新港街启航嘉园社区以“启航号”青年志愿者服务队为依托，对老年人生活基础设施进行了多项改造提升。汉沽街田华里社区积极探索“党建 + 志愿”模式。大沽街和睦园社区成立渔文化特色品牌项目，帮助志愿者以及广大居民群众在寓教于乐中感受文化的魅力。小王庄镇则着力提高辖区内志愿服务的社会参与率和活跃度。

在滨海新区志愿服务实践中，泰达街的志愿服务实践创新最具代表性。泰达街的志愿服务实践创新主要包括四个方面。一是加强顶层设计，提供制度保障。为有效激励志愿者持续参与志愿服务，制定《泰达街志愿服务激励办法（试行）》《“泰 YOU 爱”积分兑换办法》，指定泰达街志愿服务工作平台，明确积分兑换的规则和标准。倡导居民注册“泰 YOU 爱”和“泰便利”小程序，成为社区志愿者，随时点单参加志愿服务，将服务时长转化为志愿积分。二是打造枢纽型平台，助力多元参与。在打造“泰 YOU 爱”平台的过程中，充分考虑政府机构、企业、社区、学校、社会组织以及广大志愿者等多个参与主体。通过多元参与，实现资源共享和优势互补，实施“内生”和“外引”两大举措，同步引入辖区慈善组织与残联等社会资源，同时为公安、消防、交通等职能部门进行志愿服务提供平台保障。三是同缔造,盘活社会资源。为实现志愿服务制度规范的闭环管理,设立了“泰 YOU 爱”积分兑换驿站。对接慈善协会中西部社区扶贫产品,盘活资源,共同缔造扶贫常态化。通过慈善机构对接将中西部贫困地区的资源和产品落地泰达街华纳社区和格调社区“泰 YOU 爱”扶贫馆积分兑换驿站,打通了优质农牧产品从田间、牧场到餐桌的通道,拉动贫困地区产业发展和贫困群众增收脱贫。四是创新激励机制,精准反哺志愿服务。志愿者回馈工作以志愿服务积分和特别奖励积分为依据,按志愿服务时间乘志愿服务岗位难度系数进行测算。两种积分可在小程序“泰便利”的积分商城及线下“泰 YOU 爱”兑换驿站中兑换相应物品和服务。在积分回馈制度的激励下,志愿者更加注重服务态度和效果,努力提供更高质量的志愿服务。截至 2024 年 8 月,“泰 YOU 爱”平台登记志愿者 13000 余人,小程序累计兑换积分 130454 分;根据激励办法评定一星级志愿者 30 余人,二星级志愿者 20 余人,三星级志愿者 10 余人,四星级志愿者 1 人,五星级志愿者 1 人。

(二)功能区因地制宜开展志愿服务

滨海新区各功能区都积极探索符合自身区位特征和现实需求的志愿服务项目,因地制宜组织开展各种类型的志愿服务活动。其中,东疆管委会、高新区和生态城的志愿服务实践最具特色。

1. 东疆管委会志愿服务发展

东疆管委会的志愿服务发展重点突出了环保主题。东疆群团工作部不断加强与区内外单位协作共建,探索多元化志愿服务发展模式。2024 年 3 月 5 日,东疆群团部联合东疆文旅局、东疆环城局、东疆产业园公司与天津财经大学商学院共建共享,组织开展“海洋环保志愿服务”活动,宣传海洋环保理念,弘扬雷锋精神。由东疆税务局、东疆海关、中铁十四局、天津海航团支部的团员青年们和财经大学商学院的学生们组成的志愿服务队伍在亲海公园沙韵广场集合参观“东疆海鸥季”海洋科普展,了解东疆海洋生态,丰富海洋保护相关知识。2024 年 5 月 4 日,东疆群团工作部联合天津科技大学海洋与环境学院在东疆亲海公园开展“迎五四 · 志愿行”服务活动。在世界环境日到来之际,东疆团委联合东疆海事局、东疆党建工作部、东疆海关等单位共 60 多名青年志愿者，开展净滩志愿活动。志愿者们拿起工具，在沙滩上捡拾垃圾，忙碌的“红马甲”成为沙滩上一道亮丽的风景线。

2. 高新区志愿服务发展

高新区重点深化青年职工志愿服务工作。举办“3·5”学雷锋日主题志愿活动，开展专题座谈会，学习贯彻习近平总书记视察天津重要讲话精神。开展高新区职工嘉年华微型马拉松志愿服务，累计招募 107 名志愿者，分组安排安检、检录、秩序维护等工作并做好培训和后勤保障。2024 年 4 月 15 日，高新区团委联合高新区税务局、天津市税务局纳税服务和宣传中心、天津税务 12366 呼叫中心开展“税法小课堂开讲啦”活动，走进天津滨海高新区第一学校开展税法宣讲。2024 年 4 月 26 日，高新区团委组织全国青年文明号天津税务 12366（神州浩天）呼叫中心走进“活力不打‘Young’滨海乐潮集”活动，在市集上设立宣传展位，为集市摊主和赶集群众开展“零距离”税费政策宣传。高新区社区助老志愿服务队 2024 年以来在 5 个社区，共计开展 67 场助老活动，服务 1466 人次，参与青年志愿者共计 474 人次，活动涵盖思想助老、文化助老、服务助老、健康助老、科技助老 5 个方面。

3. 生态城志愿服务发展

生态城较好地实现了社区志愿服务稳定健康发展和社区治理共建融合能力的稳步提升。截至 2024 年 6 月，“图书漂流”志愿服务项目在生态城开展活动 500 余场，覆盖了生态城大部分社区，共有 9000 余人次参与活动，领取图书近 2 万册，交换图书 6000 余册，接受捐赠图书 24000 余册。“爱心中转站”项目共开展活动 300 余次，募捐衣物、玩具、书籍等 10000 余件（册）。“书香社区”项目自 2021 年开展至今，成立了全民阅读促进会，创立了图书盲盒、书中觅宝等 10 余个特色活动品牌，每年开展活动 150 余场，参与阅读人数累计达到 12.7 万人次。生态城第二社区获评中国图书馆学会 2021 年“书香社区”，生态城第一社区获评 2023 年“书香社区”，是连续两届天津市唯一上榜区域。截至 2024 年 6 月底，生态城国家海洋博物馆志愿服务团队已开展 283 次志愿服务活动，累计服务时长 4909 小时，其中模范志愿者已累计志愿服务时长近

1000小时。2024年，小鸥志愿服务队成立，在劳动节、端午节开展了8场净滩行动，超过300名志愿者参与到服务中来，以实际行动宣传爱护环境、保护生态的重要性，提升海岸线“蓝绿”颜值。

（三）专项志愿服务蓬勃发展

专项志愿服务是推动志愿服务高质量发展的重要载体。滨海新区各级政府部门结合自身工作职能，积极参与志愿服务活动，推动形成各领域专项志愿服务蓬勃发展的态势。

1. 平安志愿服务

滨海新区公安局开展的平安志愿服务成效良好。新区公安局以“3·5”学雷锋日为契机，广泛开展“善行我行 文润滨城——百姓志愿 百姓实践 百姓美好生活”志愿服务主题活动，坚持把开展志愿服务与培育践行社会主义核心价值观相结合、与学雷锋活动相结合、与创新社会治理相结合，立足公安业务职能，组织民警深入街道、社区、学校、企业、场所等，开展入户宣传、文明劝导志愿服务、理论学习宣传讲座、习近平总书记重要讲话精神宣讲、普法宣传、防范电信诈骗、禁毒宣传、文明养犬宣传教育等活动。同时，以空巢老人、未成年人、留守儿童、残障人士、特殊职业人群为重点，以开展结对帮扶、环境卫生清理、文明交通劝导等志愿服务为举措，以进家庭送温暖、送服务、送安全为方式，与老人、未成年人、留守儿童、残障人士心手相连，共同创造平安滨海。截至2024年7月，新区公安局各志愿服务队组织开展各类志愿服务活动75场次，累计参与人数3500余人次，活动累计时长200余小时。

2. 应急志愿服务

滨海新区应急志愿服务也在有条不紊地推进。2024年5月17日，滨海新区应急指挥中心党支部深入汉沽街道下坞村、小马杓沽村党组织开展共建活动。共建双方结合“防灾减灾宣传周”主题宣传活动，就夏季防风防汛、村民用电用气、学生防淹亡、农业大棚防倾塌等方面交流相关防范知识，进一步增强农村防灾减灾意识和应对突发事件、自救互救的能力。活动中还就村民反映强烈的问题，共建双方党组织负责同志共同交流协商解决办法，进一步细化共建活动方案，签订结对共建协议书。共建活动使机关党员干部更加了解农村实情，对农村工作及农民生活有了更深认识，感受到了现代农业农村快速发展。

3. 文旅志愿服务

作为全国爱国主义教育示范基地，全国红色旅游经典景区、滨海新区学雷锋志愿服务站、滨海新区文明旅游志愿服务站，大沽口炮台遗址博物馆充分发挥教育阵地作用，先后与天津市各大中小院校签署共建协议，搭建志愿服务平台，构建志愿服务体系，使各大学校的青少年学生志愿者成为博物馆志愿团队的中坚力量。积极打造红色文化宣讲团志愿服务团队，通过宣讲集训、讲解指导、岗位实践等形式，把红色精神、红色文化、红色传统注入青少年的血脉，使其成为革命故事的讲述者、革命精神的传承者、革命文化的传播者，积极向广大群众宣传大沽口炮台革命先烈不畏强暴、奋勇抗争的红色精神。红色文化志愿服务队积极开展学雷锋志愿服务活动，为社会各界群众提供咨询、讲解、发放宣传页等志愿服务。

4. 红十字会志愿服务

滨海新区的红十字会志愿服务活动十分活跃。2024 年，滨海新区红十字会志愿者宣讲团在大沽街八方观园社区、塘沽徐州道小学、塘沽第二小学、新区图书馆等社区学校和企事业单位开展 30 余场党史和相关知识宣讲。组织志愿者服务队定期在馨苑社区开展义诊活动，为社区老年人、残疾人进行免费体检。联合区教体局、区妇联开展“关爱生命，助力孩子身心健康”活动。在天津志愿服务网登记注册成立北大医疗海洋石油医院—滨海新区红十字南丁格尔志愿者服务队，开展医疗义诊志愿服务。邀请塘沽五中心医院、泰达医院、汉沽中医院、大港医院、益康堂中医门诊部等医院的医师们在现场为居民提供健康知识科普。截至 2024 年 6 月，滨海新区红十字会系统累计登记志愿服务队 38 支、志愿者 2711 人，累计服务时长 12700 小时。

5. 助残志愿服务

滨海新区十分重视助残志愿服务。区残联积极响应中国残联关于部署 2024 年春节期间“助残暖冬”等活动的号召，在塘沽街、杭州道街、泰达街、新北街等街镇先后开展“爱心助残,暖心过冬”走访慰问困难残疾人家庭活动,帮助困难残疾人家庭温暖过冬、欢乐过节。慰问组为困难残疾人家庭送上慰问金、米、面等生活物资,传递党和政府对困难残疾人的关心关爱。结合走访慰问,区残联向残疾群众宣传共同缔造理念、讲解惠残政策,普及冬季用电用气安全知识,确保残疾人安全过冬。2024 年 6 月 6 日是第 29 个全国“爱眼日”。新港街残联联合泰达医院、滨海助残志愿者协会共同举办爱眼公益讲座,营造爱眼护眼的良好社会氛围。

二　滨海新区志愿服务发展存在的不足

滨海新区志愿服务发展成效比较突出,在志愿服务实践中也积累了不少有益的经验。与此同时,滨海新区志愿服务也存在一些不足。

(一)资源基础不够牢固

志愿服务活动的顺利开展需要一定的资金和物资支持,如宣传资料、培训设备、慰问品等。在以往志愿服务实践中,由于获得资金的渠道单一、数量有限,在开展志愿服务过程中物资短缺的问题时有发生,这对志愿服务事业的健康发展极为不利。

(二)志愿服务队伍不够稳定

志愿服务队伍不稳定是制约志愿服务可持续发展的重要因素。由于志愿者的流动性和不稳定性,经常出现志愿服务活动参与率低、覆盖面窄和活动成效差的问题。志愿者由于工作、生活或其他等原因无法持续参与志愿服务活动,导致志愿服务队伍不够稳定。

(三)激励机制不够完善

激励机制是志愿服务可持续发展的重要保障。总体来看,当前滨海新区志愿服务发展的激励机制还不够完善。一方面,各种志愿服务激励措施尚处于探索阶段，成效尚不显著。另一方面，志愿服务激励机制发展也不够均衡，激励效果不明显。

（四）供需匹配水平有待提高

当前滨海新区的志愿服务内容与居民现实需求的匹配度还不够高。在志愿服务实践中，有时会出现服务内容与居民实际需求不完全匹配的情况，这不仅影响志愿服务活动的顺利开展，也使开展志愿服务活动的效果大打折扣。

三　促进滨海新区志愿服务创新发展的对策建议

当前滨海新区志愿服务发展势头良好，虽然在志愿服务实践中存在一些不足，但只要充分重视并采取合理措施及时应对，滨海新区志愿服务事业有望再上新台阶。

（一）增强资源统筹和链接能力

志愿服务需要各界不断注入资源，才能实现可持续发展。要统筹利用现有资金渠道，推动财政向志愿服务工作倾斜。积极探索设立志愿服务发展基金，拓宽社会募捐渠道，鼓励共建单位、个人等进行公益性捐赠，为开展志愿服务工作提供资金支持。志愿服务组织、机构和团体也要不断增强自身链接资源的能力，通过不断拓展、维护现有合作伙伴，提升其参与支持志愿服务的热情，同时也需要拥有较多企业资源的部门帮助牵线搭桥，为志愿服务拓展资源。

（二）壮大志愿服务队伍

增加志愿服务项目定向招募、志愿者转荐招募等方式，梳理社区共建机关企事业单位、社会组织等类别，开发新业态共建联建渠道，提升社会组织培育孵化志愿服务团队的能力，培育更多具有专业技能的青年志愿服务团队。以志愿者为主体，根据新老志愿者的特点，以志愿服务基本知识、志愿服务项目活动组织实施、各志愿服务项目领域服务标准等为内容,完善培训大纲并实施进阶式分类培训。完善志愿者注册登记信息,以专业技能、擅长事宜等信息为基础实施分类管理,为推动团队专业化、多元化发展奠定基础。

(三)完善激励保障机制

实现志愿服务激励标识化和均衡化。进一步整合社会资源,加大对志愿服务激励政策的宣传,让激励措施处处可见、人人可知,激励时时可得。通过公益宣传、新媒体、公众号等网络平台以短平快的宣传产品为载体,有效地传播志愿服务激励举措。对志愿服务组织进行理念普及和专业培训,使其认识到激励的必要性和重要意义,促使每个组织都构建一套形式丰富、体系健全、可操作性强的志愿服务激励机制。

(四)提高志愿服务供需匹配水平

不断提高志愿服务供给与群众需求的匹配度。组织开展志愿服务活动前,要深入社区调研了解群众现实需求,以群众需求为导向,精心设计志愿服务项目。通过不断提高志愿服务供需匹配水平,让志愿服务活动更接地气、更具活力、更有温度。

津南区志愿服务发展实践

张雪筠　天津社会科学院社会学研究所副研究员

摘　要： 津南区通过壮大志愿服务队伍、增加服务阵地、丰富项目品牌及提升专业化程度，并在“党员志愿服务”“时间储蓄”“社工+志愿者”等方面进行创新探索，促进了志愿服务与政府工作、基层社会治理以及群众需求的紧密结合，推动了志愿服务事业蓬勃发展。然而，激励保障机制不完善、数字化水平有待提高及志愿服务氛围需进一步营造等问题仍需解决。未来，津南区需完善志愿服务激励机制、提高志愿服务数字化水平，进一步营造浓厚志愿服务氛围。

关键词： 志愿服务体系　志愿服务项目　激励保障

一　津南区志愿服务的发展现状

（一）志愿服务队伍逐步发展壮大

志愿者、志愿服务队伍是志愿服务发展的基石。近年来，津南区统筹资源建立了四级联动的志愿服务组织体系。一是由区委书记担任总队长的志愿服务总队；二是由专业部门和街镇骨干组成志愿服务大队；三是各镇街和职能部门组成的志愿服务分队；四是各村社区建立的志愿服务小队。截至 2024 年 8 月，津南区建立各级队伍 1356 支，其中分队 445 支、小队 911 支。同时，为做好

本报告部分资料得到中共天津市津南区委社会工作部的支持，特此感谢！

专业知识的宣传普及,协助有关部门做好突发事件的隐患排查和处置、参与应急救援等工作,保障人民群众生命财产安全,津南区还打造了心理疏导、供电抢修、生态保护、水务抢险、应急救助、风雨同行气象服务共6支专业应急志愿服务队伍,广泛开展志愿服务活动。截至2024年9月,津南区共有注册志愿者181093人,其中骨干志愿者18974人。

2023年12月,天津市发布学雷锋志愿服务"六个一批"先进典型,津南区荣获12项荣誉。其中,包括优秀志愿者2名,天津市优秀志愿服务团队1个、优秀志愿服务项目3个、天津市优秀新时代文明实践所站3个、优秀志愿服务工作者2名、志愿服务岗1个。津南区的志愿服务队伍不仅人数增长,质量也在不断提高。

(二)志愿服务阵地不断增加

津南区十分重视志愿服务阵地建设,致力于打造群众家门口的便民利民志愿服务服务圈。首先,依托全区163个新时代文明实践中心、所、站,建立了志愿服务制度、服务项目、服务队伍,每月制订志愿服务活动计划。其次,依托文化中心、图书馆、文化馆、非遗中心、院校、文明单位、文明社区、文明校园、文明村镇、"两新"组织、"五爱"教育阵地、快乐营地、红十字博爱家园、科普阵地、景点景区、爱国主义教育基地、红色阵地等资源打造志愿服务基地。最后,依托社区综合服务设施、社会工作站、窗口单位、商业圈、产业园、农村集市、农村文化活动广场、公共服务设施等公共场所设置新时代文明实践点。截至2024年9月,津南区共建设了163个志愿服务站、57个新时代文明实践基地以及200余个实践点为志愿服务的常态化发展提供了有力支撑。

(三)志愿服务项目品牌日益丰富

津南区不断加强志愿品牌建设,打造培育特色志愿服务项目200余个,解决群众的急难愁盼问题。2020年1月,为解决双职工家庭子女在假期无人照看的问题,津南区咸水沽镇新时代文明实践所发起了"花 young 年华——神兽自习室"志愿服务项目,通过招募高校大学生志愿者,为孩子们提供课业辅导、素质拓展、安全健康教育等服务。截至 2024 年 9 月,神兽自习室已经连续开展八季。该项目先后获得 2022 年天津市青年志愿服务大赛金奖、第六届中国青年志愿服务大赛银奖、2022 年度天津市“六个一批”先进典型优秀志愿服务项目、2022 年度全国学雷锋志愿服务“四个 100”优秀志愿服务项目、2023 年天津市文明实践志愿服务项目大赛金奖等多项荣誉称号。2022 年初,为给高龄、独居、空巢及行动不便的弱势群体,以及其他有购物需求的居民提供及时、便捷的代购服务,双林街党建办、团工委联合社工站共同组织开展“暖心跑跑代购”志愿服务项目。自项目成立以来,截至 2023 年 3 月,“跑跑”队员们累计服务居民 800 余人次,服务总时长达到 7136 小时,累计购药里程超过 1.8 万千米。有效解决了居民的实际困难。该项目获得了 2023 年天津市文明实践志愿服务项目大赛银奖。此外,“双新食物森林”“我们的节日献爱心”“金牌宣讲团”“天蓝、地绿、水清”环保行动、“慈善在我身边”“春燕公益服务”“点亮微心愿 守护梦想”等特色项目也为津南区经济社会发展提供了助力。

(四)志愿服务专业化程度不断提高

伴随着志愿服务组织体系的日趋完善、队伍的不断壮大、活动内容的日益丰富,津南区的志愿服务专业化程度也在不断提高。首先,强化应急志愿服务队伍建设,津南区建立了心理疏导、供电抢修、生态保护、水务抢险、应急救助、风雨同行气象服务共 6 支专业应急志愿服务队伍。其次,区委宣传部积极凝聚社会力量,整合海河教育园区驻区高校、文明实践领域专家学者、公益社会组织、文明实践基层带头人等资源,建立了首批津南区新时代文明实践中心建设工作智库,充分发挥智库作用,开展多层次、立体化的培训交流活动,提升志愿服务队伍水平。最后,举办津南区“志愿新时代、文明新津南”志愿服务展示交流会,精品项目在交流上进行路演展示,获得群众广泛好评,发挥了示范引领的重要作用,提高了津南区志愿服务的专业化水平。

二　津南区志愿服务的创新探索

津南区依据积极开展“党员志愿服务”“时间储蓄”“社工+志愿者”试点工作,探索志愿服务的创新发展。

(一)党员志愿服务的创新探索

双新街万盈家园发挥社区党支部主心骨作用,坚持用党的领导这“一条红线”织密“红色网格”,将党小组建在楼门内,在楼门内推选、挂牌一批党员楼门长,以楼门长为骨干带领楼门志愿者激活“红色细胞”,推动居民自我管理、自我服务。社区不断孵化志愿服务队伍,形成19支志愿服务队伍。发挥党建共建、区域联建优势,建立社区志愿服务资源项目库,扩充志愿服务项目库,细化志愿服务内容,实现志愿服务形式由“一对一”“点对点”服务转变为专业团队定向服务、项目团队设点服务,设立“盈新·银发手工”“小青团自习室”“‘津彩假日’红领巾夏令营”等22项社区志愿服务项目,打造了“一体一圈一群”的联动模式,推动新时代社区志愿服务工作全线展开、全域覆盖、全面深化。

葛沽镇的泽水园社区积极探索,突出党组织引领作用,以社区为平台、以社会工作者为支撑、以社会组织为载体、以社区志愿者为辅助、以社会慈善资源为补充的“五社联动”社区治理新模式。社区建立“社区党支部、网格员、党员志愿者”三级管理模式,整合社区及社区周边学校、卫生院、企业党组织等资源,吸纳志愿者200余人,组建5支志愿服务队伍,通过“网格+志愿服务”工作模式参与社区基层治理,为社区提供调解居民矛盾纠纷、帮扶社区特殊群体、为青少年提供免费辅导等服务,推动社区治理提质增效。

(二)“时间储蓄”的创新探索

海棠街道利用移动网络平台,创建了“小棠帮办”线上平台,涵盖微信、支付宝小程序,便于居民注册成为志愿者并参与志愿服务。平台设有“志愿服务”与“积分兑换”两大模块，居民通过线下完成任务累积的积分可在商城兑换多种奖励。海棠街道制定了详细的积分规则，全面覆盖志愿服务各方面，有效激发了居民参与热情，转变了基层工作模式。此外，“小棠帮办”通过“派单—接单—评单”模式，精准引导志愿力量解决社区难点。这一系列举措不仅拉近了社区与群众的距离，还激发了群众的内生动力，形成了人人参与、共享幸福的基层治理氛围。

双林街引入“睦邻活跃家”志愿者积分兑换小程序，为志愿服务注入了新的活力。该小程序简化了志愿者的积分管理，提高了志愿者志愿服务的效率和积极性。凡在双林街“活跃家”小程序管理平台发布的志愿服务活动，社区居民均可注册并参与志愿服务以获得相应积分。志愿者积分等于时间符号，可在中国志愿服务网进行相应服务时长的累计，并可用积分在“爱心格子铺”兑换相应物品或服务。此外，志愿者可随时查看自己的积分余额、服务记录、兑换历史以及志愿者积分排名等，确保积分管理的透明与公正。

（三）“社工+志愿者”的创新探索

北闸口镇政安里社区面对基础设施落后、老龄化严重等挑战，创新“社工+志愿者”体系，整合志愿者、党员、天津市侨联、天津理工大学等多方资源和力量开展志愿服务，参与社区治理。截至2024年8月，社区招募志愿者人数200余人，建立10支特色志愿服务队伍，打造了4处“家门口”志愿服务点。志愿者为社区居民提供了政策宣讲、义务理发、中医问诊、耳鼻喉筛查、牙科咨询、老年手机培训等多项志愿服务，累计服务群众1000余人次。

小站镇德胜道社区建立联动机制，定期召开联席会议，为社会与志愿者交流提供平台。社会工作者培训指导志愿者，志愿者和社工分享实践经验，促进社工与志愿者优势互补，通过项目化运作，以多种形式开展志愿服务与社会治理活动，提升社会治理水平。目前志愿者人数已累计达到400余人，孵化了10支志愿服务队，开展了“四点半课堂”项目和“幼苗扎根乡土”等项目，解决了水道堵塞收取均摊费、环境整治、带老人就医等实事50余件，累计服务万余人次，累计志愿服务时长超45000余小时。社区通过这一系列举措，有效提升了服务质量和居民满意度,构建了和谐共治的社区环境。

三　津南区志愿服务发展的特色

(一)志愿服务与政府工作紧密结合

津南区常态化发展文明旅游、文明交通、文化文艺、助学支教、医疗健康、环境保护、垃圾分类、厉行节约、法律援助、科技普及、社会治安等志愿服务活动并将其与政府工作紧密融合,促进政府工作的深入开展。2023 年,为全面贯彻落实天津市委、市政府“十项行动”,扎实推进全国文明城区创建,着力提高市民文明素质和社会文明程度,推动“天津是我家,建设靠大家”理念更加深入人心,按照《关于印发〈“争做文明有礼天津人”主题活动安排方案〉的通知》,津南区决定在全区开展“争做文明有礼天津人”主题活动。在活动过程中,津南区广泛开展各类文明风尚志愿服务活动。同时,发挥各级优秀团队的辐射带动作用,通过宣传一批文明风尚志愿服务项目,吸引、带动更多团队和市民参与志愿服务,为城市建设、社会治理贡献了力量。

(二)志愿服务与基层社会治理紧密结合

津南区将志愿服务与基层社会治理紧密结合,有效提升了社区治理水平和服务能力,社区志愿服务助力基层社会治理实践取得了良好的成效。例如,双新街昆香苑社区积极构建发掘志愿者力量,打造“昆香一家亲”品牌,探索社区治理新路径。通过拓宽共治朋友圈、凝聚商居融合力、规范志愿服务制度,实施多层次储备和奖励机制,提高志愿者积极性和参与度。丰富志愿服务活动,以“棋乐融融”公益课堂、亲子彩泥活动等,服务青少年儿童 1366 人次,增强了居民的认同感和归属感。此外,还成立 12 支“香”系列队伍,并协同多方力量共同开展卫生、安全等活动,提高应急自救互救能力。这些志愿服务活动有效助力了社区治理,营造了和谐、互助、繁荣的社区氛围,让居民在社区体会到家的温暖。咸水沽丰收路社区破解了社区公共环境治理难题。社区以“丰收善行”志愿服务队为主力，广泛动员党员志愿者、居民志愿者、物业公司、社工站等多方力量共同参与社区环境整治工作。社工负责组织和协调各方力量，确保项目顺利进行；志愿者则发挥自身特长，为项目的实施提供了有力保障；政府部门和社区组织为项目顺利实施提供了必要的资源支持。这种多方参与、共同协作的模式提高了项目的实施效率，增强了社区的凝聚力和向心力，完善了社区环境的建设和管理。

（三）志愿服务与群众需求紧密结合

津南区通过“点亮微心愿”志愿服务项目深入了解群众，特别是困难家庭、青少年、空巢老人、残疾人等群体的实际需求，打造务实有效的志愿服务项目，解决群众的实际困难。例如，为双职工家庭子女提供假期课业辅导、特色课程拓展学习与情感陪伴等服务，切实解决了孩子们假期学业教育与陪护的问题。为了回馈国家和社会的帮助，老党员组建了“慈善在我身边”志愿服务团队。十几年来，他们始终如一地为行动不便的老年人、残疾人、退役军人等群体提供义务理发服务，累计服务上万人次。

志愿者协助社区网格员，开展了特困群体“大排查、大兜底、大探访”活动。在活动中，运用“访、敲、望、应、畅、疏”六字工作法，分类精准地开展帮扶工作，极大地温暖了民心。具体来说，“访”是指每天入户探访高龄、患病、行动不便的老人；“敲”是指志愿者到特殊困难群体家中开展“爱心敲门”报平安活动；“望”是指为居住在低层和高层的重点帮扶户分别挂上“平安牌”和“连心牌”，每天通过“观牌”了解受助人当日状况；“应”是指通过微信平台实现有呼有应；“畅”是指开通 24 小时救助热线，及时受理和回应群众求助；“疏”是指招募具有专业资质的志愿者，做好应急和日常心理疏导工作。

在创建文明城区过程中动员社区志愿者与社工人员，通过热线、网格员反馈等形式收集居民问题，并根据问题的难易缓急依次回应群众、满足群众需求，确保答复率达到 100%。这些举措有效地解决了创文过程中小区无序停车、私搭乱盖、不文明养犬等日常难题，并协调多部门和企业解决了体育公园开放、菜市场改造、电动汽车公共充电桩安装等民生难题。

四　津南区志愿服务发展存在的不足

(一)志愿服务激励保障机制需要进一步完善

激励保障机制是壮大志愿服务队伍、提升志愿服务质量与效率的有力保障。目前,在天津市出台了一系列志愿服务激励保障措施的基础上,各区也相继出台了志愿者激励保障措施。例如,北辰区出台了《北辰区新时代文明实践志愿者礼遇十条》和《北辰区新时代文明实践星级志愿者认定的实施办法》等文件,武清区出台了《武清区志愿者礼遇办法》。津南区的海棠街道试行了"时间储蓄"制度,并制定了《海棠街志愿者和微网格员积分规则》,鼓励辖区内的群众积极参与志愿服务。但是,津南区还缺乏全区范围内的志愿服务激励保障制度,需要尽快研究并出台相应的激励嘉许制度。

(二)志愿服务的数字化水平需要进一步提高

随着科学技术水平的提高,利用网络化、数字化手段推动志愿服务已经成为志愿服务新的发展路径。通过网络平台、小程序实现志愿者的招募、管理、激励,以及志愿服务需求的调查汇总、志愿服务的点单、派单、评单,志愿服务资源的整合利用等,是志愿服务发展的趋势。目前,津南区已经开发了新时代文明实践中心志愿服务管理平台,实现了点单、派单、评单的网络化管理,但在充分利用网络、大数据推进志愿服务方面,仍有待进一步加强。

(三)志愿服务的氛围需要进一步营造

虽然津南区的志愿服务取得了一系列的实践成果,吸引了许多机构与个人的积极参与,但参与者的广泛性、活动的持续性以及社会影响力的广度与深度尚显不足。因此,志愿服务的氛围需要进一步营造。

五 津南区志愿服务高质量发展的对策建议

（一）完善志愿服务激励机制

第一，制定《津南区志愿者礼遇办法》，明确志愿服务星级评定规范、志愿者积分兑换方法，节假日慰问优秀志愿者、推荐优秀志愿者参加区重要活动及重大赛会。对生活困难的志愿者给予相应的生活照顾和物质帮扶。推荐优秀志愿者优先参评市、区道德建设层面先进典型等。

第二，按照《关于健全新时代志愿服务体系的意见》中关于“鼓励采取服务积分、时间储蓄等方式，完善礼遇回馈和信用激励机制”的要求，探索时间储蓄激励机制。一方面，要制定科学合理的积分计量兑换标准、信用评估、继承转让和风险应对等方面的政策；另一方面，建立共建共治共享合作模式，不断拓宽积分商城品类，丰富积分兑换商品及服务供给，将更多涉及民生的养老机构、教育机构、美发服务、医疗服务、便民商超等行业纳入积分商家，进一步增强“积分兑换”对志愿者的吸引力。

（二）提高志愿服务的数字化水平

继续完善志愿服务管理平台，积极搭建服务、信息、医疗、慈善等与志愿服务相结合，并与市级平台数据相对接的应用网络。同时，开发线上微信、支付宝志愿服务小程序，方便居民线上参与志愿服务。在完善时间储蓄机制的同时，建设志愿服务网络信息系统，完善街道社区层面的服务信息登记管理系统，使人员注册、派单、接单、服务、评价等更加便捷。建立志愿者积分数据库，将居民身份证号作为志愿者唯一的身份标识，并允许志愿者随时查看自己的积分情况，以便志愿者更好地安排自己的志愿服务活动。

（三）营造浓厚志愿服务氛围

继续举办志愿服务项目大赛，提高津南区志愿服务的影响力。加强宣传引导,让更多群众了解志愿服务的意义与价值,激发其参与志愿服务的内在动力。优化服务机制,确保志愿服务项目更加贴近民众需求,提升服务质量和效果。通过让广大人民群众亲身参与志愿服务,吸引更多群众常态化、自觉地开展志愿服务。同时,表彰先进典型以吸引更多群众积极参与志愿服务活动,营造志愿服务的良好社会氛围。

党员志愿服务实践报告

和平区“和平夜话”党员志愿服务发展实践

田絮崖　天津社会科学院社会学研究所助理研究员

摘　要： “和平夜话”党员志愿服务实践以习近平总书记关于志愿服务的重要论述为指导，创新地将党员志愿服务有效融入基层治理，推进民生事业发展，形成新时代“党员+志愿”服务模式的成功经验。“和平夜话”党员志愿服务实践将党员志愿服务融入全国文明城区、全国卫生城区、平安中国建设示范区等创建进程，以志愿服务赋能高质量发展，推进志愿服务全方位全领域扎根社区，在改进党员干部思想作风，提升党员服务群众能力，增强群众获得感、幸福感、安全感，完善社区协同共建机制方面取得显著成效。未来，“和平夜话”党员志愿服务实践将从党员志愿服务带动居民自治能力提升，推进干部主责主业融入民生事业，推动党员志愿服务融入基层治理，加强党员志愿服务实践经验的宣传推广四个方面持续发力。

关键词： 党员志愿服务　基层治理　“和平夜话”

本报告部分资料得到中共天津市和平区委社会工作部的支持，特此感谢！

和平区自开展“和平夜话”党员志愿服务实践以来,充分发挥基层党组织的引领动员作用,不断创新党建引领社区志愿服务路径,将党员志愿服务积极融入基层治理和社区民生发展,逐步探索出“党员+志愿”服务的成功模式。

一 “和平夜话”党员志愿服务的实施路径

“和平夜话”党员志愿服务实践将志愿服务深度融入基层治理,以志愿服务助力经济社会高质量发展,推动社区志愿服务实践实现全方位谋划、全领域推进和全要素保障。

(一)“和平夜话”党员志愿服务的总体思路

1. 促进“和平夜话”党员志愿服务融入中心城区建设

和平区“和平夜话”志愿服务实践活动贯穿全国文明城区、全国卫生城区、平安中国建设示范区等创建全过程,是一系列城区创建工作的重要载体。截至2024年6月,和平区已6次蝉联“全国文明城区”、连续5次获得“全国卫生城区”、连续28年获得全国平安建设示范区、连续5次获得“长安杯”。自2020年7月1日起,和平区委在全区推广开展“和平夜话”党员志愿服务实践,探索社区志愿服务推动新时代文明实践的创新路径,持续巩固文明城区创建成果。在新时代文明实践“中心—所—站”三级阵地全覆盖的基础上,进一步落成文明实践主题公园等试点,打造170个文明实践站点,将7200多名党员志愿者编入342个网格。党员干部围绕“三个着力”重要要求,利用八小时之外时间,以志愿者的身份深入社区,通过闲话家常、微信交友、协同议事等多样化的方式,积极融入百姓生活圈,为群众解决实际问题,回应群众所思、所想、所需、所盼。“和平夜话”党员志愿服务实践聚焦志愿为民和创建为民,将共产党人的先锋精神和志愿精神汇聚到城市道德文明建设的总体范畴之中,以道德引领涵养城市文明,在为民服务中推动城市的“文明指数”不断转化为群众的“幸福指数”。

2. 推动"和平夜话"党员志愿服务助力经济社会高质量发展

"和平夜话"党员志愿服务实践有助于通过党建引领,为基层治理提质增效,助力经济社会高质量发展。一方面,"和平夜话"志愿服务活动精准化对接群众需求,分层分类建立服务对接机制,促使"和平夜话"成为服务群众的"新载体"。党员干部通过延伸拓展"和平夜话"内涵,在采取实地调研的科学工作方法、全面掌握群众需求的基础上,将特殊人员服务管理、群众反映集中的"一老一小"和老旧社区改造,以及教育医疗等作为重点服务项目加以推进,以需定供。针对个性化民生问题,特别是独居高龄老人洗澡不便等问题,不仅提供个性化服务,还同时提高服务响应速度。另一方面,"和平夜话"党员志愿服务实践的服务对象还拓展到辖区内企业,为其提供法律和政策咨询等服务,有利于企业及时掌握并享受国家和地方出台的惠企政策,从源头上掌握并化解可能出现的风险。"和平夜话"党员志愿服务实践促成辖区资源的进一步整合和流通,推动形成基层政府、社区、楼宇和企业协同联动的互助发展格局,带动了基层治理联动格局的形成,以治理体系现代化推动营商环境优化,以"小社区"盘活"大城区"。

3. 推进"和平夜话"党员志愿服务全方位全领域扎根社区

"和平夜话"党员志愿服务实践是和平区社区志愿服务的良好传承和创新发展。早在20个世纪80年代末,和平区就开始探索社区志愿服务模式,总结社区志愿服务经验。三十余年来,社区志愿服务在和平区薪火相传,形成志愿服务发展的优良传统。新时代,和平区以"和平夜话"党员志愿服务实践等为载体,将党员志愿服务精神融入推进各项公共事务发展,从提升养老服务水平、大力发展学前教育、提高公共交通服务水平、完善社区服务功能、关爱市民心理健康、扩宽群众健身场所、丰富群众文化生活、提升救济服务能力若干方面有效推进社区民生改善。在充分发挥基层党员志愿者和基层党组织的组织和动员能力的同时,积极推动社区志愿服务从顶层设计到基层实践各个环节,逐步实现全方位谋划、全领域推进和全要素保障,推动全区由"党员志愿"推动形成"全民志愿"良好氛围,推动志愿服务有效融入经济社会发展大循环,既是对和平区社区志愿服务传统的继承,也是对社区志愿服务模式在新时代的创新实践。

(二)“和平夜话”党员志愿服务的主要做法

为使“和平夜话”党员志愿服务实践取得实在成效,和平区从党建引领、路径创新、基层赋能、制度保障四个方面提炼经验做法,推动“和平夜话”党员志愿服务实践实现常态化、品牌化、精细化发展。

1. 坚持党建引领志愿服务发展

“和平夜话”党员志愿服务实践坚持党建引领志愿服务发展。第一,坚持发挥党建的思想引领作用。坚持把开展“和平夜话”党员志愿服务实践作为推动学习习近平新时代中国特色社会主义思想深入基层的有效载体和重要抓手。深化思想宣读活动,及时将党和国家大政方针、改革决策、民生政策等在群众中进行宣传,形成全民学习的浓厚氛围。第二,发挥基层党组织的组织和动员作用。全面落实基层党委的主体责任,规范党政各部门社会治理职能,促进政府治理、社会调节、居民自治形成良性互动,积极发挥到社区报到和下沉社区入列轮值专职党员的作用,畅通交流渠道,让“和平夜话”党员志愿服务实践成为落实党的群众路线的有效桥梁。第三,构建党建引领多部门协同共建机制。促进“和平夜话”不断走深走实,逐步构建起党建引领的多方参与机制。发挥街道“大工委”、社区“大党委”的轴心作用,以社区为圆心,凝聚驻区单位力量,不断扩展基层治理的方式方法和渠道。发动驻区单位参与,统筹社会组织参加,协调社会组织实施公益项目,凝聚志愿组织助力,形成共建共治的强大合力。

2. 创新党员志愿服务实践路径

“和平夜话”实践不断创新活动形式,推进党员志愿服务实现制度化、常态化和品牌化发展。第一,推动“和平夜话”党员志愿服务实现制度化发展。“和平夜话”活动将党员志愿服务的长效机制建设,作为推进志愿服务常态化建设的重要路径,以机制创新为牵引,促进党员志愿服务制度化发展。完善“网中网、格中格”机制,让广大党员干部入网进格,收集情况、解决问题。运用“吹哨报到”机制,形成问题收集、研判、处置闭环机制。健全问题分级分类解决机制,及时记录《“和平夜话”民情手册》,细化问题类别,形成分类解决方案。第二,促进“和平夜话”党员志愿服务实现常态化发展。引导党员干部贯彻落实“向群众汇报”制度,坚持把“和平夜话”党员志愿服务实践作为落实党的群众路线的有效桥梁,坚持深入群众、扎根群众。做实联系街道社区制度。区领导干部主动到社区报到,主动接受群众监督,融入群众日常。探索推行社区“第一书记”常态化机制,选派优秀机关处级干部到社区担任“第一书记”,推动机关单位资源延伸到社区。第三,推进“和平夜话”党员志愿服务实现品牌化发展。以多样化服务类目打造志愿服务创新品牌。整合党群服务中心、社区文化站等阵地,统筹社会服务工作,不断创新工作方式。促进现有资源整合,激发品牌化发展的原动力。整合品牌资源、阵地资源、队伍资源,在资源交互中创造新的志愿资源,实现资源由“分散”向“集约组团”的转变。

3. 提升志愿服务助力基层治理效能

“和平夜话”党员志愿服务着眼于提升社区治理效能,构建社区治理共同体。第一,营造志愿服务推动基层治理良好环境。“和平夜话”通过理论宣讲、价值引领、文化熏陶等各项活动不断提升社区和谐氛围,形成良好的基层治理环境。例如,和平区检察院组织社区检察岗的志愿服务团队检察官,为小白楼街道崇仁里社区居民讲解相关职责。公安和平分局南营门街道派出所党总支定期开展“治安大家谈”活动,将警务服务延伸到群众家门口。第二,创新志愿服务赋能基层治理形式。“和平夜话”坚持从群众中来、到群众中去的工作思路,不断加强协商引导和多元合作,保障群众知情权、参与权、监督权。例如,针对重点人群服务管理问题,相关部门和街道、社区进一步摸准各类人员情况,完善工作台账。同时,深化志愿服务项目,落实各项关爱政策,用心用情赢得群众信任、理解和支持。第三,强化志愿服务基层纠纷解决能力建设。为解决群众矛盾纠纷,和平区以“和平夜话”活动为抓手,采取“街道大工委”“社区大党委”联建等措施,妥善解决矛盾纠纷千余件。

4. 健全党员志愿服务保障机制

“和平夜话”建立四项保障机制,健全“党员 + 志愿”服务模式建设。第一,健全培训机制。依托区委党校在各级领导干部培训中增加群众工作能力培训 20 余批次;成立社工成长学院,开设民生政策、谈心技巧等课程。第二,健全考评机制。树立“群众说好才是好”的鲜明导向,赋予基层吹哨调度权、人事建议权、考核评价权、重大事项建议权、灵活用人自主权,修改完善《和平区街道对部门考核评价办法》,给基层赋权减负。将“和平夜话”纳入区级考评内容,结果与绩效成绩和奖励挂钩。第三,健全激励机制。坚持把“和平夜话”党员志愿服务实践作为锻炼培养干部的重要渠道,注重在一线考察识别干部,对在“和平夜话”中解决问题好、群众评价高的干部优先使用或综合给予表彰奖励。第四,完善设施保障。依托“8910”智慧养老服务平台,提供就医陪护、送餐送药、精神慰藉等贴心服务,全区建成“嵌入式”养老机构3家,一级老年人食堂9个,二级助餐点64个,为老旧小区安装适老化扶手1162个,进一步方便了老年人生活。

二 “和平夜话”党员志愿服务的主要成效

“和平夜话”党员志愿服务实践以弘扬社会主义核心价值观为初心使命,以贯彻新时代群众路线为宗旨要义,以聚焦全过程人民民主为内在遵循,推进基层共同体建设为主要任务,搭建起以党员志愿者为主体的为民服务平台,让群众得到实惠,使干部接受锻炼,取得了明显成效。

(一)党员干部思想作风明显改进

密切党群关系、干群关系的关键在党员干部的工作作风。“和平夜话”党员志愿服务实践中党员干部沉下身,主动走到群众中,认真倾听群众心声、解决群众困难、学习群众智慧,工作作风得到切实转变。一是理想信念更加坚定。全区党员干部在深入社区和服务群众中,不断增强“四个意识”,坚定“四个自信”,坚决维护习近平同志党中央的核心、全党的核心地位,不忘初心、牢记使命。二是为民情怀更加深厚。在“和平夜话”党员志愿服务实践中,党员干部与群众深入交流、产生共鸣、感同身受,站稳了群众立场,厚植了为民情怀。三是联系和服务群众的作风明显改进。在“和平夜话”党员志愿服务实践中,党员干部将“周期性走访”转化为“常态化调研”,从调研需要社工陪同到独自入户走访，从回答群众问题转变为主动登门向群众作汇报，促使各级党员干部不断筑牢宗旨意识和群众观念。总体上，党员在与居民群众交流思想和沟通感情的过程中，拉近了距离、密切了党群干群关系，提升了基层党组织和党员干部的影响力和号召力，巩固了党在城市基层的执政地位。

（二）党员服务群众能力显著提升

建设高素质的干部队伍，提高党员干部推动发展、促进和谐、服务群众能力，必须从实际出发。“和平夜话”党员志愿服务实践开展以来，坚持把基层一线作为磨炼党员干部的“试金石”，对标新时代党的建设新特点和新要求，紧贴中心城区工作特点，在实战中增强干部本领。一方面，组织党员干部特别是年轻干部深入基层、融入群众，在交朋友、摸实情、解难题中锻炼干部，广大干部做群众工作的能力普遍提升，由过去的不愿做、不会做、不敢做群众工作转变为主动做、耐心做、争着做，变“理论灌输”为“一线锻炼”，实现能力和作风同加强。另一方面，强化党员服务群众能力的联动性、针对性，突出精准化、精细化，对于过去群众反映的许多问题，基于“和平夜话”党员志愿服务实践，积极协调解决好群众反映的问题，赢得了群众广泛赞誉。例如，城市管理、公安、住房建设、教育、民政、人社、司法等条口和系统，主动将“和平夜话”党员志愿服务实践与业务工作有机融合，将解决干部作风问题和提高干部能力问题放到同样的高度，使党和政府“想干的”真正变成群众“想要的”。

（三）群众获得感幸福感安全感显著增强

人民群众是历史的创造者，只有切实增强人民群众的获得感、幸福感、安全感，才能更好地激发他们的积极性、主动性、创造性，凝聚起制胜未来的“人民力量”。“和平夜话”党员志愿服务实践深入践行习近平总书记“努力让人民群众的获得感成色更足、幸福感更可持续、安全感更有保障”[①]的要求，扎实

---

① 习近平：《在深圳经济特区建立40周年庆祝大会上的讲话》，https://www.gov.cn/ldhd/2013-2/26/content_2554937.htm，最后检索时间：2024年9月15日。

做好事关群众切身利益的民生实事。一是关键“小事”解决更快。坚持把群众的事当成天大的事,立即就办、马上办好。二是久拖“难事”解决更顺。组织各部门协同发力、集中攻坚,让群众的诉求件件有回应、事事有着落。三是便民“实事”惠及更广。聚焦实现人民对美好生活的向往,将保障群众“衣食住行、业教保医”等列入重点项目,让改革发展成果更多、更公平地惠及全体人民。

(四)社区协同共建机制不断完善

“和平夜话”党员志愿服务实践通过广大党员干部下沉到基层一线,强化了横向协同,带动了群众参与,变“单兵作战”为“群防群治”,促进了社区协同共建机制不断完善。一是提升了社区协同共建的社会化水平。秉持从群众中来、到群众中去的治理思路,加强协商引导和多元合作,积极推动群众支持并参与社会治理。二是提升了社区协同共建的法治化水平。发挥法治建设的引领、规范和保障作用,提升了党员干部推动发展、化解矛盾、维护稳定的能力,营造办事依法、遇事找法的良好环境。三是提升了社区共建的智能化水平。“和平夜话”的实践普及运用大数据等新技术,推动各领域治理决策精确化和精准化。四是提升了社区共建的专业化水平。通过党员志愿服务的基层实践,打造数量足、素质高、专业强的社区治理人才队伍。总体上使居民从利益诉求的“被动者”变为“主动者”,有效激发了居民的主人翁意识,推进了城市社区居民“自治、法治、德治”能力建设,完善了社区共建的内生动力机制。

三 “和平夜话”党员志愿服务发展面临的主要问题

“和平夜话”党员志愿服务实践作为“党员 + 志愿”服务模式的试点之一,探索出了一系列典型做法,总结出较为成功的经验。尽管如此,由于总体实施年限较短,典型经验的普及仍然局限于和平区范围内,因此仍然面临一定的问题。

（一）党员志愿服务带动居民自治能力有待提升

“和平夜话”党员志愿服务作为以基层党建推动志愿服务融入社区发展的主要路径，以基层党委和党组织的顶层设计为主，相应地，“和平夜话”党员志愿服务实践在总体布局，尤其是前期规划设计环节以党员干部为参与主体，社区社会组织和居民参与程度相对不足。事实上，群众不仅是志愿服务的接受者，还是志愿服务和社区发展的能动者，从这个意义上说，党员志愿服务实践仍然主要在组织动员，以及探索如何带动社区居民形成良好自治能力方面加以提升。

（二）党员干部主责主业全方位对接百姓需求有待加强

群众需求和社会发展水平相适应，和平区的社区志愿服务在适应新时代人民群众生活高标准和高要求基础上，不断探索社区志愿服务发展的新路径，由过去的送煤、送菜、送炉的“老三送”，升级为送岗位、送知识、送健康的“新三送”，再演化成为送快乐、送品牌、送服务的“新新三送”。当前，尽管“和平夜话”党员志愿服务已经形成了针对不同群体的多样化服务类目，然而仍然需要在社会环境的变迁中，持续思考如何将党员干部的主责主业全方位对接百姓需求，提供更为精细化和精准化的服务项目类别。

（三）党员志愿服务创新基层治理路径有待拓展

志愿服务体系需要与基层社区治理有机融合，以社区志愿服务推动基层治理共同体建设，既是社区志愿服务的主要任务，也是党员志愿服务可持续发展的最终归宿。当前，“和平夜话”党员志愿服务实践的持续开展需要进一步提高党员干部的服务和治理能力，细化党员志愿服务与基层治理有机融合的路径，促进党员志愿服务全方位融入基层治理的各个方面。与此同时，也要进一步探索如何持续健全党员志愿服务推进基层治理的保障机制，以党员志愿服务优化社区治理结构，提升基层治理效能。

(四)党员志愿服务典型案例宣传有待强化

“和平夜话”志愿服务的开展不仅是当下“党员 + 志愿”服务模式的创新探索,也是新时代全域志愿服务发展模式探索的进一步深化,有利于推动形成全面参与的志愿服务氛围。迄今为止,“和平夜话”党员志愿服务形成了诸多成功的做法和典型经验,然而,当前“和平夜话”作为“党员 + 志愿”服务模式的宣传推广仍然不足,传播渠道较为有限,在一定程度上难以形成广泛的社会影响力。

四 促进“和平夜话”党员志愿服务发展的对策建议

和平区“和平夜话”党员志愿服务实践创新地将党员志愿服务有效融入基层治理,密切了党同人民群众的血肉联系。为持续推进“和平夜话”党员志愿服务实践的高质量可持续发展,建议未来从以下四个方面采取具体措施。

(一)推动党员志愿服务带动居民自治能力提升

1. 强化顶层设计,突出群众主体地位

强化多方参与的治理格局建设。引导人民群众积极以常态化、规范化和专业化的方式参与社区治理和公共事务,探索多样化的服务和治理形式,推进党员志愿服务和社区治理路径创新,逐步在实践中形成基层党组织、社区社会组织和居民自治之间的良性互动。构建多样化信息融通渠道。如尝试在项目早期设计和规划环节纳入社区骨干志愿者和群众的建议,结合群众需求实施具体规划和设计,突出人民群众作为党员志愿服务和基层治理的参与主体地位。

2. 加强基层党建,提升基层党组织动员能力

充分发挥基层党建的思想引领作用。要始终坚持党的领导,牢牢把握正确政治方向。要持续将“和平夜话”党员志愿服务实践作为宣传贯彻习近平新时代中国特色社会主义思想的重要载体。发挥好各级党委在社区志愿服务中

的主导作用。将社区志愿服务全方位纳入基层党建的全盘工作中，提升基层党建服务能力。发挥基层党员志愿者的示范带动作用。以党员志愿者的积极实践感染和教育群众，鼓励群众参与志愿服务和社区治理的具体事务，以提升群众社区认同感，为社区居民自治能力的发挥提供内在动力。

(二)推进党员干部主责主业融入民生事业发展

1. 坚持需求导向，推进服务双向精准对接

将社区作为党员志愿服务的重要载体和主要阵地。以社区为单位，深入群众开展需求调研，利用大数据等技术建立群众基本情况和需求的数字化清单，强化事实支撑，形成供需对接。进一步将党员干部的业务工作和群众的需求紧密结合。依照各个部门的职能，认领服务清单，甄选服务类别，实现党政机关的业务职能和群众需求之间的精准匹配，形成供需双向互动。以党员志愿服务引领群众需求。创新服务类目和服务路径，创新党员干部主责主业融入民生事业发展路径，最大限度满足民生诉求，增进民生福祉。

2. 加强制度保障，构建动态管理监测机制

完善制度建设。依据现阶段群众实际需求，对“和平夜话”实施过程中的各类方案办法和规章制度等进行动态管理、监测和完善，确保已有制度符合群众需求实际。加强党员志愿者培训机制建设。建立科学有效的党员志愿服务培训系统，加强党员志愿者管理，强化党员志愿者人才队伍专业化建设。完善党员志愿服务的激励机制建设。建立公平合理可持续的绩效评价体系，以制度保障党员志愿服务融入干部主责主业，形成推进社区民生事业发展的持久动力。

(三)强化党员志愿服务有效融入基层治理

1. 创新治理机制，促进基层治理多方协同共建

创新党员引领的社区治理机制。以强化“五社联动”机制为动力，优化社区治理结构，发挥基层党组织和党员志愿者的核心引领作用，充分建立健全多方参与的联席会议机制，构建现代化的基层治理框架。创新党员志愿服务带

动社区治理多方联动能力提升。以党员志愿服务为牵引,带动驻区单位、企业、社会组织有机联动,统筹整合社区内外资源,构建起由党组织统一领导、政府依法履责、各类组织积极协同、群众广泛参与的多元化基层治理体系。

2. 提升治理能力,促进志愿服务融入基层治理

强化党员志愿服务基层治理能力建设。提升志愿服务的应急救援、纠纷解决和舆情处理等能力建设,如将"和平夜话"党员志愿服务的开展与"枫桥经验"的基层实践创新相结合,形成基层法治建设和居民自治的有机结合,将党员有效融入社区管理的各个环节。强化党员志愿服务推动基层治理的要素保障。完善社区综合服务和公共设施建设,增加民生事业财政投入,为现代化的基层治理体系的构建提供坚实物质保障。

(四)加强党员志愿服务实践典型经验宣传推广

1. 拓展多元渠道,完善党员志愿服务宣传推广机制

凝聚榜样力量。加强对先进党员志愿者和典型经验的宣传表彰,提高群众对党员志愿服务的认知度和认同感,推进党员志愿服务精神在全社会的宣传普及。强化平台宣传效用。进一步将"和平夜话"作为传播党的科学理论和全民实践的大众平台,成为党的先进思想扩散和理论宣讲的有效抓手。整合传播资源。将线上宣传和线下合作交流相结合,拓展多元化宣传渠道,促进党员志愿服务成功经验在全社会范围内形成典型示范效应。

2. 强化品牌建设,扩大党员志愿服务精神社会影响力

强化品牌意识。"和平夜话"是新时代以党建引领社区志愿服务,推进基层治理现代化路径的创新模式,要将"和平夜话"打造为可供复制推广的"党员+志愿"服务品牌。实施品牌战略。围绕各类党员志愿服务项目,打造党员志愿服务精品品牌。丰富品牌内涵,将党员志愿服务的精神内涵融入党员志愿服务品牌项目建设中,提升品牌价值。加强政策宣传。培育"和平夜话"党员志愿服务特色品牌,进一步促进"和平夜话"融入基层治理,扩大志愿服务精神的社会影响力。

河北区"党建超市"党员志愿服务发展实践

肖　标　中共天津市河北区委社会工作部部长

李　萌　天津市河北区建昌道街办事处主任

赵涵光　中共天津市河北区委社会工作部社会服务工作科科长

摘　要： 河北区"党建超市"党员志愿服务立足党员志愿服务队伍建设、机制完善、服务长效，依托组织部"双报到"工作要求，在全区范围推广党员志愿服务新模式，着力增强党员志愿服务实力、提升党员志愿服务效力、永葆党员志愿服务活力。党员志愿服务实际开展过程中，发现存在资源分配不够均匀、活动组织不够精细、激励机制不够完善等问题，需通过优化资源配置机制、提升活动组织水平、完善志愿者激励机制、拓宽服务领域与形式等举措来推动河北区"党建超市"党员志愿服务持续深入发展。

关键词： 志愿服务体系　党员志愿服务　"党建超市"

党的二十届三中全会提出，"完善党员教育管理、作用发挥机制"，"推动志愿服务体系建设"。为进一步贯彻落实全会精神，推动区域化党建整体效能提升，充分发挥党员志愿服务作用，河北区委依托组织部"双报到"工作要求，探索在全区范围建立"党建超市"党员志愿服务新模式。河北区"党建超市"党员志愿服务聚焦社区居民群众和辖区企业商户最期盼解决的问题，通过收集需求、分类整理，将志愿服务资源与群众服务需求进行精准匹配，引导党员志愿者认领项目、提供服务，为群众办实事、解难题。同时，通过积分兑换等激励保障措施,激发志愿者参与志愿服务的内生动力,在提高社区治理水平、加强党群关系建设、提升志愿服务质效等方面起到积极促进作用。

一　河北区“党建超市”党员志愿服务发展现状

为提高党员志愿服务队伍建设、机制完善、服务长效,河北区委社会工作部、区委组织部联合印发《河北区“党建超市”党员志愿服务活动工作方案》,以“党建超市”为创新载体,全面推动全区党员志愿服务扩面提质。“党建超市”指以在职党员为核心的党员志愿者,在落实“双报到”工作、参加联建共建和志愿服务活动时,街道社区党组织通过资源入库、服务入库、服务上架、服务认领、组织回访、积分认定和积分兑换七个步骤,激励推动党员志愿者在社区一线为民办实事,带动广大居民群众主动参与志愿服务活动,助力形成共建共治共享的基层治理格局。

根据“双报到”情况统计,2024 年以来,河北区所有社区共报到在职党员 7052 人,按照《河北区“党建超市”党员志愿服务活动工作方案》文件建议,组建党员志愿服务队伍 118 支,党员志愿者在社区一线办实事近万件。河北区聚焦党员志愿服务队伍建设、机制完善、服务长效,以“党建超市”为创新载体,充分发挥党组织核心引领作用,推动全区志愿服务扩面提质,实现党员志愿服务制度化、常态化、长效化,引领共建单位、辖区群众广泛参与基层治理,提升社会治理体系和治理能力现代化水平。

(一)聚焦党员志愿队伍建设,增强党员志愿服务实力

河北区聚焦党员志愿服务“谁来干”问题,充分动员各领域党员志愿者和社区群众,充实“党建超市”志愿力量。一是做实“双报到”。依托“双报到”整合社区党员资源,通过回执备案、建册入库,加强党员管理。街道党工委发挥统筹协调作用,社区党组织采取设岗定责、选岗履职、承诺践诺等方式,安排在职党员为社区、群众办实事。街道社区结合实际设立党员责任区、党员先锋岗等,引导前来报到的在职党员主动亮身份、树形象,发挥先锋表率作用,常态化

参与社区志愿服务活动。二是做强党建联盟。社区党委加强与辖区内的社会组织、共建单位联动联建，着力构建条块结合、资源共享、优势互补的志愿服务格局，凝聚在职党员、自管党员、新就业群体及社区群众党员等多方力量，形成以在职党员为引领、多方共同参与的“1+N”党员志愿服务队伍，丰富队伍人员构成，提升专业性和实效性。截至2024年8月28日，河北区达成合作共识的共建项目近300个。望海楼街道昆云里社区党委强化共建联建，主动对接辖区共建单位、社会组织、爱心商户等资源力量，打造“云尚七彩志愿联盟”，围绕平安法治、文明建设、民生服务等重点领域开展志愿服务工作，社区治理成效显著。三是扩大群众参与。社区党委以在职党员和楼门栋长为骨干，积极发掘具有专业技能同时热心公益的各类人才，吸纳社区好人、先锋骑手等参与“党建超市”项目，发挥示范带动作用，提高居民群众参与积极性。利用公告栏、微信群等线上线下多种渠道宣传“善行善举”，涵养“志愿新风”。新开河街道芳草园社区老党员，联合社区党委打造“王老师党员志愿先锋工作室”，引导党员退休之后在社区继续发挥余热，带领居民群众开展矛盾调处、垃圾分类等志愿活动，以榜样力量带动居民群众广泛参与。

（二）聚焦“党建超市”机制完善，提升党员志愿服务效力

河北区聚焦党员志愿服务“干什么”问题，明确“党建超市”机制制度、运行流程，实现党员志愿服务高效运行。一是摸底服务供需。社区党委以在职党员为核心整合梳理辖区党员资源，同时深入挖掘党员志愿者爱好特长等，分类归档，形成“党建超市”人才资源库。根据“党建超市”人才资源库所能提供的服务，整理汇总形成“服务供给单”，作为“党建超市”的服务打包上架。社区聚焦居民、企业最期盼解决的问题，通过线上居民群、网格群等微信群聊、小程序，线下“微心愿”墙等阵地，收集整理志愿服务需求，依据街道社区治理职责分类形成“服务需求单”。截至2024年8月28日，全区建立需求清单338个，资源清单255个。王串场街道容彩里社区是河北区首家“党建超市”试点社区。社区积极探索以“三单”（资源清单、需求清单、服务清单）为核心的党建引领城市基层治理工作体系，创新性地把共建资源、群众需求、党员服务、志

愿服务、积分激励“一站式”地整合起来,坚持“以服换物、以服换服、以服换荣”,推动党员志愿服务常态化、长效化开展。二是上架服务项目。相关工作人员将“服务供给单”和“服务需求单”进行匹配,匹配成功后作为“待购商品”放入“党建超市”购物车。选拔政治过硬、能力突出的党员志愿者为“党建超市”理货员,评估审核购物车中资源项目所属类别,并根据专业性、难易度,初步确定服务时长、人员数量、活动方式等活动要素,根据审核结果将服务项目作为“党建超市”的“正式商品”打包上架。新开河街道东海花园社区残疾人有180人,辖区内重度残疾人家庭、一户多残家庭等问题突出。社区党委、志愿服务队伍针对社区中残疾人较多的现象,成立“东日暖阳”助残志愿服务项目,聚焦辖区残疾人需求,整合优势资源,安装东海花园小区44个楼门无障碍扶手,推广“融畅”无障碍导航软件,成立“爱心驿站”,分享爱心辅具,设立“心目影院”,播放无障碍电影,创建“逆光书吧”,丰富精神世界,持续做好助残志愿服务工作。三是认领“超市商品”。推行线上线下相结合的交易方式,“线上超市”通过王串场街“党建超市”、望海楼街“云享望海”等小程序和网格群、居民群、物业群等微信群聊发布各类服务资源和活动信息;“线下超市”通过党群服务中心、社区活动室、“心愿墙”等特色阵地提供参与交流平台,扫码或申请书填写集中认领服务“商品”。铁东路街道升级“铁东快办”2.0版小程序,新增志愿者认证、团队管理、活动发布、问题解答等功能板块,同时根据志愿服务活动时长和完成情况开展线下积分认定,实现志愿服务“线上·线下”智慧化管理。群众可在小程序的任意时间提出服务需求,同时实时查看问题处办状态,管理员也可通过微信查看所有居民反馈件,避免“推、脱、躲、绕”和“假办结”等各类问题,服务成效显著提升。

(三)聚焦党员志愿服务长效,永葆党员志愿服务活力

街道社区因地制宜探索辖区资源链接和项目式积分认定、共享式积分兑换等措施,聚焦党员志愿服务“怎么干”问题,落实组织部“双报到”文件激励保障相关要求,采取各类措施激发党员志愿服务活力。一是坚持党建引领。机关党组织与社区党组织签订共建协议,在职党员每年到居住地社区为社区

或居民群众办 1—2 件实事。党组织加强分类指导,结合不同领域党员特点,分领域组织党员争做先锋。通过开展志愿服务、精准帮扶、党建指导、丰富活动等形式常态化参与基层治理,合力为群众办实事解难题。二是强化效果评估。街道社区通过实地走访、电话回访等方式对项目完成情况进行组织回访,全面了解项目开展情况和实施成效。实行月盘点机制,社区党组织定期梳理"党建超市"各项清单完成情况,针对性改进运营方法。推行集中推介机制,借助推介会解决清单长期未完成问题。三是加强激励保障。王串场街道积极探索积分兑换机制,发挥街道"大工委"作用,统筹辖区内"修补巷"资源优势,逐步充实街道积分兑换库,志愿服务者可通过积分兑换打折券、免费服务等实用资源。街道社区可结合实际,对于表现突出的干部分类别进行激励,"双报到"党员书面汇报区委组织部,颁发锦旗、递交感谢信,自管党员年底考核评优进行量化加分,激发党员志愿者干事创业内生动力。群众志愿者综合考虑服务时长、满意度和专业性三个指标进行积分认定,采取积分兑换商品、优先享受服务等方式,通过精神激励和物质奖励相结合的方式,既充分增强志愿者荣誉感、归属感,提高参与活动积极性、主动性,也不给社区基层增加额外的负担,保障志愿服务工作长期高效运行。

二　河北区"党建超市"党员志愿服务存在的不足

(一)资源分配不够均匀

"党建超市"党员志愿服务物质奖励来源,主要依托共建单位、爱心商户捐赠物资,由于各街道、各社区资源禀赋和发展水平之间存在差异,同时各社区之间缺乏有效的信息共享平台和协同工作机制,导致资源无法有效整合和优化配置,部分社区可能存在资源过剩现象,部分社区急需的资源却难以得到支持,面临资源短缺的困境,形成"资源孤岛"现象。

(二)活动组织不够精细

不同街道社区志愿服务工作基础有所差异,部分街道社区志愿服务活动在策划、组织和实施过程中存在疏漏等不足,一定程度上导致志愿服务效果不佳,不能达到预期目标,也难以让群众满意。根本原因在于活动策划和执行团队的专业素养有待进一步提升,部分新组建的志愿服务团队缺乏专业培训和实战经验,在活动设计、资源调配、人员分工等环节存在问题,从而导致活动开展不顺畅、不能达到预期效果,难以满足居民需求。

(三)激励机制不够完善

"党建超市"党员志愿服务活动,目前已建立积分兑换、推优推先等一系列志愿者激励保障机制,但是激励保障机制还不够完善,难以适应日益增长的志愿服务需求。同时,每位志愿者参与服务的动机不同,有的追求个人成长,有的渴望社会认可,还有的希望发挥特长、传递温暖。目前的志愿者激励保障机制并不能充分考虑志愿者多元化需求,导致对部分志愿者激励效果不明显。

三　河北区"党建超市"党员志愿服务持续深入发展的对策建议

为推动河北区"党建超市"党员志愿服务持续深入发展,需进一步完善项目运行机制和服务模式,及时固化推广基层鲜活经验,推动党员志愿服务工作向更高水平发展,为社区居民提供更加优质、高效的服务,为河北区经济社会高质量发展贡献更多志愿服务力量。

(一)优化资源配置机制

针对资源分配不均的问题,需进一步加强统筹协调,加强街域统筹,建立更加科学合理的资源配置机制,确保资源能够精准匹配社区需求。同时,街道党工委要定期召开社区统筹协调会议,加强社区之间资源共享、项目合作、形成合力；探索搭建集数据共享、需求发布、服务对接于一体的信息平台，实现社区资源高效利用，促进各社区资源共享、优势互补。在此基础上，积极争取政府部门、爱心商户的支持，拓宽资金来源渠道，为志愿服务活动提供坚实的物质保障。

（二）提升活动组织水平

为推动志愿服务活动更加精细化和专业化，需要进一步加强培训，提高志愿服务团队的组织水平。积极引进具有丰富工作经验的专业人才为团队注入新鲜血液，提高团队活动策划能力和组织开展水平。定期组织开展涵盖理论教学、项目实践、沟通协作等多方面培训，通过案例分析、实操演练、经验分享等多种形式，全面提升团队的专业素质和综合能力。同时，注重活动创新，在深入了解社区居民实际需求的基础上，结合时代热点与社区特色，着力打造更加具有吸引力和实用性的志愿服务项目。

（三）完善志愿者激励机制

为吸引更多居民群众参与志愿服务，需要进一步完善志愿者激励机制，充分调动志愿者参与活动的积极性。通过问卷调查、活动随访等形式把握志愿者需求，制定更加个性化的激励方案。比如通过设立“社区先锋”奖项、颁发志愿服务证书、提供表彰信等方式，满足志愿者的精神需求；为工作积极认真的志愿者提供更多的培训与交流机会，通过定期举办专业培训课程、分享会、团队建设活动等，不断提升志愿者的专业素养和综合能力；探索深化志愿服务积分兑换制度等措施来进一步增强志愿者的获得感和归属感，充分激发志愿者的内在动力。

（四）拓宽服务领域与形式

为满足社区居民日益增长的需求，激发志愿服务项目活力与创新，需要积极探索，不断拓宽志愿服务服务领域和形式。通过入户走访、问卷调查等方式深入调研，倾听群众心声、了解居民需求，为服务升级奠定坚实基础。结合时代发展趋势,充分利用大数据、云计算等先进技术,探索搭建新型智能服务平台,实现服务预约、进度跟踪、效果反馈一站式管理,大幅提升服务效率与居民满意度。同时,秉持开放合作的理念,积极寻求与各类社会组织、企业、高校合作机会。通过资源共享、优势互补,丰富服务内容与形式,促进思维与技术创新,为志愿服务发展注入源源不断的创意与活力。

南开区“悦来先锋”党员志愿服务发展实践

牛　磊　天津社会科学院社会学研究所副研究员

摘　要： 党员志愿服务是践行全心全意为人民服务根本宗旨的有效方式，也是提升基层治理效能的重要创新形式。南开区通过建组织强队伍，夯实志愿服务组织基础；拓载体固阵地，促进志愿服务资源整合；抓实干促发展，树立志愿服务特色品牌，深入开展“悦来先锋”党员志愿服务，突出党员志愿服务的特色亮点，不断夯实党在基层的民心根基。目前，南开区“悦来先锋”党员志愿服务仍面临一定挑战，建议通过加强党建引领，提升对党员志愿服务的认识；创新服务模式，充实党员志愿服务内容；依托政策支持，优化党员志愿服务外部环境等发展路径，进一步提升“悦来先锋”党员志愿服务发展水平，推动全区志愿服务事业提质增效。

关键词： 党员志愿服务　志愿服务品牌　“悦来先锋”

南开区坚持以习近平新时代中国特色社会主义思想为指导，深入贯彻落实习近平总书记视察天津重要讲话精神和“四个善作善成”重要要求，在全区积极开展“悦来先锋”党员志愿服务，不断夯实党在基层的民心根基，推动全区志愿服务事业提质增效，为南开区高质量发展凝聚奋进之力、善成之力。

本报告部分资料得到中共天津市南开区委社会工作部的支持，特此感谢！

一　南开区"悦来先锋"党员志愿服务发展现状

南开区不断探索党员志愿服务的新路径、新方式,促进广大党员与群众热血相融。在2020年7月8日全区范围内开展"扎根网格、血脉相融"党员志愿服务实践活动的基础上,2024年初,全区深入开展"悦来先锋"党员志愿服务活动。在"悦来先锋"党员志愿服务发展实践中,以"三助力一提升"为主要内容,着力将党员志愿服务参与主体进一步向机关企事业单位、"两企三新"领域、志愿服务团队和居民群众拓展,推动党员走好新时代党员志愿服务的群众路线,主动投身全区发展大局,争做讲政治、转作风、提效率、优服务高质量发展的先锋表率,将志愿服务往深里做、往实里走。

(一)建组织强队伍,夯实志愿服务组织基础

南开区"悦来先锋"党员志愿服务积极探索将机关、街道党员干部编入志愿服务最小单元社区网格中,组建"1+2+N"红色网格服务队("1"是1名社区网格员,"2"是一名机关干部和一名街道干部,"N"是在职党员、楼门长、辖区单位党员、社区志愿者等网格服务骨干)[①]。将全区3000余名党员干部下沉到1400余个社区网格,实现重心下移、力量下沉,积极主动联系服务群众、解决难题。并在红色网格服务队内部建立功能型党支部,推动党员亮身份、服务当先锋,突出政治功能、引领功能和服务功能,进一步延伸党组织链条,面对面、心贴心为社区群众办实事,保证党组织对微端志愿服务的引领统筹。在经济部门、窗口单位等直接服务企业的单位设置党员先锋岗,创建优质服务窗口,机关党组织与企业党组织开展联合共建主题党日志愿服务活动,夯实党员志愿服务组织基础。

南开区"悦来先锋"党员志愿服务始终坚守"以人民为中心"的发展思想,通过建组织强队伍充分发挥党员志愿者在知识、技术、政策等方面的优势,为

---

① 南开区委组织部:《深化党建引领　做实做强网格　转变工作作风》(内部资料)。

群众提供多样化服务，使群众困难有人帮、意见有人听、问题有人解；大力发扬党的优良作风并以身作则，发挥自身专业优势积极出谋划策，尽心尽力为社区居民群众办实事、做好事。这让群众切实体会到了中国共产党“全心全意为人民服务”的宗旨不是挂在嘴上，而是落到实处，极大增强了群众同党组织的血肉联系，提升了党在人民群众心中的威信，进而增强了党组织的号召力。

（二）拓载体固阵地，促进志愿服务资源整合

南开区通过有序开展“悦来先锋”党员志愿服务实践活动，使党员干部成为网格员的“战友”，使各级党组织成为社区、网格工作的“援军”①。以解忧助困为核心，及时解决群众问题和难题，做到小事不出网格、大事不出街、难事不出区、矛盾不上交。在实际工作中大胆探索、勇于实践，不断创新党员志愿服务的方式方法，进一步整合各种资源，科学谋划部署，为助推基层治理体系和治理能力现代化而加油鼓劲、凝心聚力。发挥部门职能优势，统筹 25 家与群众利益息息相关的职能单位，协同配合，解决了一批居民个体提出的诸如上下水疏堵、窗缝漏水维修、行动不便老人上门理发等所需所盼，切实把一个个“小而美”的民生项目抓实落地，使党员志愿服务迸发出更加强大的生命力。同时，强化并筑牢现有党员志愿服务阵地建设，注重发挥街道、区两级新时代文明实践中心、党群服务中心及各类文体场所的阵地作用，突出志愿服务实践功能，打造市民家门口的党员志愿服务实践阵地，实现党员志愿服务实践全覆盖。区住建委的“红色物业联盟”、区财政局的“金融安全知识宣讲”、区司法局的“法律服务”、区文化和旅游局的“移动图书馆”等各类资源力量更是为拓载体固阵地、做实做好“悦来先锋”党员志愿服务奠定了坚实基础。

南开区“悦来先锋”党员志愿服务通过拓载体固阵地，对于需要帮助或关注的重点人、重点户，党员志愿者主动结对认亲、包保到人到户。以“时时放心不下”的情怀为独居老人清理积尘纱窗、为卧床的老人义务理发、为残疾人提供上门普法及帮扶政策咨询等服务，积极开展清整卫生环境、普法活动、宣传

---

① 廖晨霞：《网格画出来　责任担起来》，《天津日报》2020 年 8 月 29 日，第 2 版。

反诈知识、协助消费维权、中医义诊、急救培训等为民服务工作,协助街道解决工地噪声污染、流浪犬安置等难题急事等。为群众多样化需求提供更加精细化服务,真正做到了把群众实事办实、利民好事办好,使群众的获得感与幸福感得到了极大提升。

(三)抓实干促发展,树立志愿服务特色品牌

南开区立足辖区历史资源、红色资源、发展资源优势,抓实干促发展,开展多种形式的党员志愿服务。各街道社区党员志愿者结合平时入户、走访商户、社区活动等形式,问询并收集居民、商户的所需所盼,制定“悦来先锋”党员志愿服务“民情快递单”。充分发挥各领域党员志愿组织和志愿者作用,想方设法帮助解决实际问题,并及时向群众反馈,形成“走访收集—分析解决—情况反馈”的工作闭环,推动“民有所呼,我有所应”落到实处。对低保、残疾、临时救助、单亲、空巢、独居,以及出现重大变故的家庭等特殊群体,建立底册,常态关注,并发动共建单位党员志愿者结对认亲、包保到人到户。通过“五爱”教育阵地、公益市集等志愿服务项目,开展家庭亲子关系、未成年人自护、普法、电诈防范、金融理财和风险提示等宣传,满足群众各种“微心愿”。广大党员志愿者们以情真意切、润物无声的志愿服务活动践行着志愿精神,传递着奉献的力量,让需要帮助的群众切实感受到志愿者就在身边、党组织就在身边,全力打造让广大群众想得起、找得到、靠得住的特色志愿服务品牌。

南开区“悦来先锋”党员志愿服务在抓实干促发展中,通过发挥党员志愿者的先锋模范带头作用,带动普通群众及时跟进,提升基层治理效能,助推基层治理现代化建设,真正做到了思想上真重视、情感上真融入、实践中真思考、行动中真服务。一方面,“悦来先锋”党员志愿者具有政治素养高、专业能力强、社会资源丰厚、链接资源渠道广等优势,作为基层治理的重要补给力量,在一定程度上缓解了基层治理过程中存在的“人财物”压力,助推树立志愿服务特色品牌。另一方面,南开区“悦来先锋”党员志愿服务不仅可以充分利用党员志愿者优势及时回应群众对美好生活的期盼,使基层人与人之间的关系得到改善,而且可以及时了解并想办法帮助解决群众的操心事、烦心事和揪心

事，真正做到群众有诉求、党员有回应、服务有保障、群众有感受。

二　南开区“悦来先锋”党员志愿服务发展的特色亮点

（一）重视理论宣讲，让党的创新理论“飞入寻常百姓家”

2020 年 1 月 19 日，习近平总书记在云南腾冲考察时指出，新时代坚持和发展中国特色社会主义，需要大批能把马克思主义中国化讲好的人才，讲人民群众听得懂、听得进的话语，让党的创新理论“飞入寻常百姓家”①。南开区“悦来先锋”党员志愿服务聚焦坚持和发展新时代“枫桥经验”，走好新时代“四下基层”之路，聚焦人民群众最关切的公共安全、权益保障、公平正义等问题，注重把学习宣传党的路线方针政策、加快“创新南开”建设、深化拓展区委“一三二一”工作思路相结合，深入社区、学校开展对象化、互动化宣传宣讲。通过开展“文润南开‘声’入人心”党员志愿服务主题宣讲活动，深入学习贯彻习近平总书记视察天津重要讲话精神，让理论宣讲接地气、有生气、得人气。截至 2024 年 9 月底，推动全区开展特色宣讲活动近 1500 场，直接受众 7.5 万余人次。目前，南开区正在全区范围内大力开展“理润津沽——学习宣传贯彻党的二十届三中全会精神基层宣讲”党员志愿服务活动，采取分众宣讲、交流研学、特色活动等形式，进一步统一思想认识、凝聚宣讲共识，推动党的创新理论“飞入寻常百姓家”。

（二）推动党员干部下基层，让为民服务更“接地气”

南开区充分发挥“悦来先锋”党员志愿服务的模范带头作用，不断完善志愿服务措施、细化志愿服务内容，积极开展党建引领为民志愿服务工作。建设

① 《习近平春节前夕赴云南看望慰问各族干部群众　向全国各族人民致以美好的新春祝福 祝各族人民生活越来越好祝祖国欣欣向荣》，新华网，http://www.xinhuanet.com/politics/leaders/2020-01/21/c_1125489987.htm，最后检索时间：2024 年 9 月 27 日。

全面高效的党员志愿服务联动机制,促进各相关志愿组织协同合作,助力保障和改善民生,聚焦一老一小、百姓菜篮子、水电气暖等民生项目,扎实办好惠民实事,做到民有所呼、我有所应,让居民群众通过实践活动感受到南开区党员志愿服务的“温度”。通过党员志愿者串门聊天、联系商户、参与活动等灵活多样的方式,与群众拉家常、加微信、交朋友,特别是与空巢老人、孤寡老人、低保家庭、单亲家庭等特殊群体结对认亲,让困难群众切实感受到党和政府的关怀[①]。截至 2024 年 9 月底,“悦来先锋”党员志愿服务主动结对认亲 3000 余户,经常上门嘘寒问暖、奉献爱心,累计走访群众 112 万余人(次),解决居民群众生活环境、基础设施、公共服务、业教保医等问题 1.45 万余个。特别是将重点人群纳入走访重点对象,共计走访 7.39 万余次。同时,坚持真心实意为企业服务,以“悦来先锋”实践活动为载体,推动机关党员干部志愿者深入企业(商户)走访2568 次,处理解决各类难题 564 个。南开区“悦来先锋”党员志愿服务通过帮群众之难,解社区、商户之困,使群众暖心、放心、安心,让为民服务更“接地气”。

(三)加强文化建设,让群众文化生活“百花齐放”“春色满园”

文化是时代风貌的反映,是社会前进的号角,是历史变迁的见证。南开区“悦来先锋”党员志愿服务围绕人民群众多样化、多层次、多方面的精神文化需求,积极探索文化建设,努力推动群众文化生活大发展大繁荣。尤其是与相关单位协同联动,提前谋划、精心部署重要节日文化活动,营造欢乐祥和、文明向上的节日氛围;围绕“一老一小”开展节气文化习俗、非遗技艺、家风传承等主题的群众性文化服务志愿活动,丰富城乡居民文化生活,让群众文化生活“百花齐放”“春色满园”。同时,为丰富社区居民文化生活,增进群众爱党爱国的红色情怀,2024 年建党节期间,“悦来先锋”党员志愿者协助风荷园、玉皇里等社区与大吉利影城开展联动共建,组织观看电影《江海儿女》主题党日志愿服务活动;2024 年建军节期间,“悦来先锋”党员志愿者协助学府街天大六村社

① 南开区委社会工作部:《南开区志愿服务发展实践情况汇报》(内部资料)。

区举行了“龙腾盛世津彩南开”第三十五届“南开之夏”系列文化活动暨“文化学府 同庆八一”学府街文化艺术节志愿服务活动。在2024年8月8日第16个“全民健身日”，“悦来先锋”党员志愿者在协同举办乐全民健身日主题活动的现场，提供了航模、匹克球、手扑球等健身项目的科学健身志愿服务指导。还积极调动全区3881名社会体育指导员以社区晨晚练站点、社区健身会为阵地，广泛开展全民健身志愿服务活动，不断丰富群众体育文化生活。截至2024年9月底，“悦来先锋”党员志愿服务已开展1200余场文化志愿服务活动。

三 南开区“悦来先锋”党员志愿服务发展面临的挑战

南开区“悦来先锋”党员志愿服务是践行党的初心使命而提出的创新之举，在实践中虽取得了一定成效，但要实现高质量发展仍面临一定挑战。

（一）部分党员对志愿服务的认识有待提升

南开区“悦来先锋”党员志愿服务要充分体现“内化于心、外化于行”，在对党员志愿服务认识方面亟待提升，主要表现在：第一，个别党员还未充分认识到志愿服务的真正价值和意义，对志愿服务的认识理解不深刻，志愿服务的参与意识不强，影响志愿服务的发展。第二，目前开展的志愿服务活动主要依靠党组织自上而下地推动，个别党员干部参与的主动性不强、积极性不高，有时甚至存在“应付式”等被动参与现象。

（二）党员志愿服务内容有待充实

南开区“悦来先锋”党员志愿服务在服务内容的选择上，目前还不能充分满足群众的多元化需求。第一，志愿服务领域虽然涉及面广泛，但仍然集中在传统的助老助残、理论政策宣传、环境卫生整治等领域。有特色的党员志愿服务活动仍有较大的发展空间。这需要充分发挥党员志愿者示范引领作用，做思想上的引导者、行动上的先锋者、服务上的带头者，把志愿服务贯穿社区管理、服务、文化、生活、民生等各个领域，真正融入群众的日常生活。第二，专业性志愿服务内容有待优化。专业性志愿服务需要党员志愿者拥有更多的专业知识和技能,在志愿服务活动中解决遇到的各种专业问题。南开区“悦来先锋”党员志愿服务在实践中面对专业性志愿服务活动,虽然会尽量安排具备一定专业知识和技能的志愿者去做,但由于志愿服务活动的特殊性、有针对性的志愿培训有限等原因,专业性志愿服务的行动和体现仍显不足或存在局限性,不能充分满足广大群众多元化的需求。

(三)志愿服务外部环境待完善

第一,社会上对志愿服务的认知度有待提高,甚至部分群众对于志愿服务存在不同程度的误解,例如将其视为政府的行政行为或活动等。这不仅影响了“悦来先锋”党员志愿者参与志愿活动的积极性,也严重制约了志愿服务的健康发展。第二,从志愿服务的政策法规建设方面看,尽管《志愿服务条例》《中华人民共和国慈善法》和《天津市志愿服务条例》等为南开区“悦来先锋”党员志愿服务提供了基本的法律法规依据,但总体来看仍存在立法数量有限、执法依据不足等现实问题。这易导致党员志愿服务及其组织在运行管理中缺乏有效的外部监督和合法保障。第三,志愿服务组织的经费支持有限。目前,南开区“悦来先锋”党员志愿服务组织的经费来源主要依靠政府拨款和社会捐赠筹措,相对单一。

四　促进党员志愿服务高质量发展的对策建议

南开区“悦来先锋”党员志愿服务开展了一系列主题鲜明、形式多样的志愿服务活动,对增进民生福祉、助推基层治理创新、维护社会稳定和谐具有重要作用。但结合当前面临的现实挑战,为实现南开区“悦来先锋”党员志愿服务的高质量发展,建议采取一系列更具有科学性、针对性的措施。

(一)加强党建引领,提升党员对志愿服务的认识

南开区“悦来先锋”党员志愿服务在实践中要注重社会宣传和推广普及工

作,提升党员及公众对其认识和了解,这也是党员志愿服务事业能得以持续健康发展的重要方面。同时,还需要注意以下几点。第一,发挥党建引领的政治优势,优化党员志愿服务组织体系。“悦来先锋”党员志愿服务要激活党员“小细胞”,释放服务“大能量”,充分发挥共产党员的先锋模范作用和基层党组织战斗堡垒作用,通过党建引领统一思想认识,以强烈的政治责任感密切联系群众、服务群众,使党组织真正成为基层凝聚志愿服务力量的核心,将党的组织优势转化为志愿服务的发展活力。第二,深化党建引领的组织优势,助推党员志愿服务实现高质量发展。“悦来先锋”党员志愿服务在党建引领下,一方面,需要积极动员和组织党员参与志愿服务。通过设立党员志愿服务队伍,将党员紧密联系在志愿服务一线,使他们在服务群众、奉献社会中充分发挥先锋模范作用。另一方面,统筹协调各方资源,助推志愿服务活动的开展。党组织可以联合政府、企事业单位、社会组织等多方力量,共同推动志愿服务项目落地生根,实现志愿服务的常态化、制度化。第三,加强党建引领的服务效能,提升志愿者的服务意识和能力。在“悦来先锋”党员志愿服务实践中,要激励引导广大党员自觉参与志愿服务,用自己的实际行动践行初心使命、体现责任担当,充分发挥好示范引领和模范带头作用。进一步宣传普及“奉献、友爱、互助、进步”的志愿精神,深入挖掘“悦来先锋”党员志愿服务优秀典型事迹,在全区形成尊重志愿服务、支持志愿服务、参与志愿服务的浓厚氛围。同时,结合实际组织志愿服务分享会或座谈会,促进党员志愿者之间的有效沟通交流,鼓励社会各界党员积极参与志愿服务,共同营造积极的党员志愿服务社会氛围。

(二)创新服务模式,充实党员志愿服务内容

南开区“悦来先锋”党员志愿服务为更好地满足群众多样化需求,需要不断创新志愿服务模式,拓展志愿服务领域,提高志愿服务的专业性和针对性。第一,创新党员志愿服务模式。在南开区“悦来先锋”党员志愿服务实践中,可以通过建立“社工+党员志愿者”联动服务模式,充分发挥社工的专业优势和党员志愿者的资源优势,共同改进和完善志愿服务机制,促进社会工作与党员志愿服务的融合发展,最终实现两者的共赢。具体来说,社工可以通过提供专业指导和支持,引导党员志愿者开展服务,而党员志愿者则可以在实践中发挥“一名党员就是一面旗帜”的作用,通过提供一定的人力和资源,积极支持配合社工进行志愿服务。而在“社工+党员志愿者”联动服务模式运行时,要明确社工和党员志愿者的不同角色和职责,避免出现交叉和重叠;要建立有效畅通的交流和协作机制,促进信息资源的整合共享,[①]从而推动党员志愿服务和社会工作相互促进、融合发展,以服务群众为出发点,引领志愿服务新风尚。第二,拓展党员志愿服务领域。以党建活动为抓手,整合社会资源,根据不同的服务对象和需求拓展组织丰富多彩、形式多样、群众喜闻乐见的各类志愿服务项目活动,提升志愿者和组织的整体形象。如进一步拓展党的理论政策宣讲、法律援助、急救知识培训、爱心捐助、节能环保、反诈宣传、文化文艺展演等各类有针对性的志愿服务活动,吸引广大群众积极参与,形成共振同感,而且力争做到月月有活动、件件有亮点,着力提升“悦来先锋”党员志愿服务特色品牌效应,不断提升服务能力,推动党员志愿服务活动逐步实现由单一性转向多元化,用实际行动诠释“奉献、友爱、互助、进步”的志愿服务精神。第三,提高党员志愿服务的专业性和针对性。“悦来先锋”党员志愿服务必须不断探索建立各类区域性、行业性和专业性较强的志愿服务队伍,积极培训志愿者和选拔专业志愿者,以专业技术人员为主要成员建立专业志愿者服务队,实现志愿者、服务内容、服务对象的有效对接,扩大其在基层和群众中的专业性、针对性和覆盖面。尤其是随着数字化技术的发展,注重对“悦来先锋”党员志愿服务各项工作和各个环节的数字赋能,助力打通志愿服务工作中的堵点、痛点和难点,构建“精·准·细·严”的精准化志愿服务模式,不断满足人民群众对高质量“悦来先锋”党员志愿服务的现实需要。

(三)依托政策支持,优化党员志愿服务外部环境

第一,建立和完善相关政策规章,为“悦来先锋”党员志愿服务提供基本制

---

① 蒋美华、晋浩瑞:《新时代志愿服务组织高质量发展的现实障碍与路径选择》,《黑龙江社会科学》2024 年第 4 期。

度保障。同时,应根据实际需要制定并落实相应的志愿服务扶持政策,如设立党员志愿服务活动经费或发展基金,以扶持党员志愿服务活动的开展和资助党员志愿服务项目等,为其健康、有序发展创造有利条件。第二,完善“悦来先锋”党员志愿服务的监管与评估机制,促进党员志愿者广泛参与。在建立完善“悦来先锋”党员志愿服务制度保障的基础上,完善监管与评估机制尤为重要。在实践中应设立相应的监管机构,对“悦来先锋”党员志愿服务及其组织进行严格的规范管理,确保其在管理运行中严格遵守相应的政策规章要求。此外,还需要建立科学有效的评估机制,将党员志愿服务情况纳入党员评议、党性分析、考察干部等内容。对党员志愿服务的实施质量和效果进行不定期评估,以激励和督促党员做好做实志愿服务,不断提升“悦来先锋”党员志愿服务质效。第三,完善社会环境,助推“悦来先锋”党员志愿服务健康有序发展。通过舆论宣传,大力弘扬志愿服务精神,充分能发挥党员模范带头作用,鼓励社会各界志愿服务组织及广大志愿者,努力在社会中共同营造志愿服务的浓厚氛围。明确“悦来先锋”党员志愿服务是以奉献国家社会为根本宗旨,以满足人民群众日益增长的服务需求为出发点,积极扩大服务范围,争取在促进精神文明建设、推动社会治理创新、增进民生福祉等方面作出更大贡献。

红桥区三条石街道
志愿服务时间储蓄发展实践

丛　梅　天津社会科学院社会学研究所研究员
姚皓宇　中共天津市红桥区委社会工作部
刘丽丽　天津市红桥区三条石街道党工委

摘　要： 在我国，时间储蓄与志愿服务紧密结合，发展成为一种具备存储兑换机制的志愿服务模式。天津红桥区三条石街道开发“益启志愿”微信小程序，将“线上存储积分”与“线下提供服务”相结合，将志愿者的服务时长和日常善行善举按照固定规则换算成服务积分，形成“志愿点单—志愿服务—积累积分—积分兑换”的礼遇回馈机制，为志愿服务时间储蓄制度的建立贡献了有益的实践经验。为推动志愿服务时间储蓄高质量发展，应不断优化实施方案，完善天津志愿服务时间储蓄相关政策法规，探索建立时间储蓄服务网络、通存通兑系统和数字化服务平台。

关键词： 志愿服务　时间储蓄　积分兑换

本报告部分资料得到中共天津市红桥区委社会工作部的支持，特此感谢！

为推动志愿服务工作高质量发展，三条石街道按照中共中央、国务院印发的《关于加强基层治理体系和治理能力现代化建设的意见》和中办、国办印发的《关于健全新时代志愿服务体系的意见》的要求，推出了以服务积分为记录载体的时间储蓄项目，持续强化志愿服务体系建设。本文在简要回顾志愿服务时间储蓄发展历程的基础上，阐明发展志愿服务时间储蓄的意义，总结提炼天津红桥区三条石街道志愿服务时间储蓄的主要做法和主要成效，提出促进志愿服务时间储蓄发展完善的对策建议。

一　志愿服务时间储蓄的发展历程及意义

（一）志愿服务时间储蓄的发展历程

时间储蓄一词在我国的出现源自中国老龄科研中心与外国专家学者对老龄问题的研讨和交流，当时将“Time Bank”译为“时间银行”。我国的第一个时间银行试点是 1998 年在上海虹口区开办的“劳务银行”。[①] 近两年，研究者和实践者对这一概念与志愿服务进行了本土化结合和发展，形成了时间储蓄制度。时间储蓄是典型的社会创新，旨在通过志愿服务与互助服务的有机结合，寻求化解某些社会问题的方法和方式，比如贫困、养老服务短缺等问题，从而增进社会福祉。[②]

志愿服务时间储蓄是指志愿者在参与志愿服务的时间可以兑换物质和精神产品或自己需要的志愿服务，或者在将来需要帮助时，获得其他志愿者的相应帮助。时间储蓄的一个重要目的是鼓励低龄、健康的中老年人积极参与社区养老服务活动，作为养老服务的重要补充，为独居、高龄、空巢的老年人提供

① 陈功、土芙寒：《我国“时间银行”互助养老模式运行中的问题及对策研究》，《理论学刊》2020 年第 6 期。

② 陈友华：《客观看待时间银行的价值与作用，深入研究时间银行的理论与实践》，“老龄与未来”微信公众号，2023 年 7 月 26 日。

帮助。同时,以储蓄时间的方式来记录志愿者的劳动,以便将来志愿者本人需要帮助时可以获取相应价值的服务。[①] 2005 年,天津和平区滨西社区开办了首家"时间银行"。鉴于和平区滨西、朝阳等社区的成功经验,2008 年由天津市志愿服务联合会在全市推广,标志着以时间储蓄为代表的制度化的社区互助共生模式在天津落地发芽。

(二)发展志愿服务时间储蓄的意义

1. 落实"积极老龄化"对老年人参与志愿服务活动的要求

2002 年,联合国《马德里老龄问题国际行动计划》中,把"独立、参与、照顾、自我实现、尊严"确定为 21 世纪老年发展的原则。[②] 老年人积极参与社会活动被正式纳入"积极老龄化"发展战略,成为国际社会解决人口老龄化问题的普遍共识。我国作为世界人口大国,老龄化速度发展迅速,呈现"速度快、程度深、规模大"的特点。到 2023 年底,全国 60 岁及以上的老年人口 2.97 亿人,占全国人口的 21.1%,较 2022 年增长了 1.3 个百分点。预计到 2050 年,中国 60 岁及以上老年人口将增至 3.59 亿人。[③] 人口老龄化叠加少子化将对我国社会经济发展和社会管理、公共服务、文化教育、代际关系等诸多领域产生巨大而深刻的影响。面对"未富先老"的人口老龄化基本国情,不可忽视低龄健康老年人口的社会巨大潜能和人力资源。老年人参与志愿服务活动是"积极老龄化"政策框架的重要组成部分,而志愿服务时间储蓄正是满足老年人健康和老年人的发展性需求,为居家互助养老增添力量、实现老有所为的有效途径之一。

2. 激发志愿者自身潜能,促进社会进步和团结

志愿服务时间储蓄的重要意义是激发志愿者自身潜能,实现人生价值。

---

① 全国老龄工作委员会办公室:《第四次中国城乡老年人生活状况抽样调查数据开发课题研究报告汇编》(上),华龄出版社 2018 年版,第 279 页。

② 翟绍果:《基于健康老龄化战略的老年人精神保障体系构建研究》,《老龄政策理论研究(2016)》,华龄出版社 2017 年版,第 201 页。

③ 丛梅:《新时期人口老龄化面临的新课题——以天津市为例》,《黑龙江社会科学》2018 年第 6 期。

社区居民通过时间储蓄志愿服务，可以使邻里更加团结互助，化解一些个人无法解决的社会问题。在帮助他人的过程中，感受和体会人与人之间的关爱、友善和责任，增强社区凝聚力，在“赠人玫瑰，手有余香”中感受善的力量。改变人际互动减少和人情冷漠的社会现象，营造和谐、进步、团结的社会氛围。

3. 增强社区居民互帮互助，缓解政府服务兜底压力

2020 年 12 月 2 日，民政部公布了《志愿服务记录与证明出具办法（试行）》，北京、上海、天津、南京等地积极回应，以养老志愿服务为切入点，逐步向各类领域、各类人群拓展，将储蓄和激励机制引入志愿服务，秉持互助互惠、共建共享的价值理念，时间储蓄运作模式主要依靠居民自身信誉和社区居委会的公信力来推进，通过吸引不同年龄、不同专业和不同技能的志愿者参与社区公共便民服务，一定程度上缓解政府公共服务的兜底压力。

二　三条石街道志愿服务时间储蓄的主要做法

三条石街道位于红桥区的东南端，面积 1.92 平方千米，常住人口 2.6 万人。辖区内既有摩天轮这样的天津新地标，也有大胡同这样的商贸区；既有新建高层社区，也有 20 世纪七八十年代建成的老旧社区，还有宏济里这样的百年老街，居民文化程度、生活圈子、日常需求差异明显，社区居民对社区治理参与度不高。为推动建设人人有责、人人尽责、人人享有的社会治理共同体，弘扬奉献、友爱、互助、进步的志愿精神，自 2022 年起，三条石街道通过建立以时间储蓄项目为核心的激励机制，在全街范围内大力推进志愿服务工作，将志愿者的服务时长和日常善行善举按照固定规则换算成服务积分，形成“志愿点单—志愿服务—积累积分—积分兑换”的礼遇回馈机制，进一步树立“德者有得”“好人好报”的价值取向，不断激发向上向善正能量。

（一）坚持党的领导，构建时间储蓄组织体系

一方面，发挥党组织的组织动员优势，建立同级党组织领导下的志愿服务队伍。健全街道、社区两级志愿服务站，网格志愿服务队、楼门志愿服务小组

的志愿服务组织体系,在街道党工委、社区党委、网格党支部、楼门党小组的领导下开展活动,各级党组织负责人兼任各级志愿服务机构负责人,使志愿服务活动成为各类社区主体参与社区治理、服务社会发展的主阵地。

另一方面,发挥党组织的政治引领优势,建立以社区党组织为轴心的闭环管理体系。志愿服务项目的发布、参与者的现场确认、所获积分的登记等环节均在由社区党组织领导下的社区志愿服务站进行。社区志愿服务站定期将台账报送街道社工站,由其来进行全街排名、定期公示、组织兑换、开展表彰,并通过累计形成个人的积分台账,完成时间储蓄的闭环管理。

(二)实施积分兑换,提升时间储蓄可持续性

一方面,在充分调研基础上,建立对应志愿服务时长、服务类型的积分机制,为每名参与活动的志愿者建立以积分为载体的时间储蓄账册。通过积分排名、积分兑换、定期表彰等方式,对积极参与活动并取得一定积分的志愿者在物质上给予鼓励,对积分较高的志愿者再给予精神上的激励,不断增强志愿者的荣誉感和认同感,吸引群众成为志愿者。具体而言,志愿者线下参与志愿服务活动后,由社区工作人员按照“1 小时 =10 个积分”的规则,将志愿者参与社区志愿服务的时长换算成公益积分。街道动员社会公益组织根据志愿者需求提供了多种回馈礼品,志愿者可以在“益启志愿”微信小程序的“积分兑换”板块中,根据自己的“可兑换积分”自主进行礼品兑换,并自动扣除相应积分,也可以将积分“储蓄”起来,有需求时再提取,为今后的不时之需提供一份保障。同时设置“总积分”排行榜,对于日常表现突出、“总积分”排名靠前的志愿者,经过街道综合评定增设额外奖励,年底颁发荣誉证书。

另一方面,以志愿服务项目供需精准对接,使志愿者能够参与自己擅长和感兴趣的志愿服务,从而激励和吸引更多志愿者参与志愿服务。街道社工站发挥专业化优势,将社区在排查走访中掌握的群众需求进行有效整合,开发成有针对性的志愿服务项目。例如,为高龄老人送餐、为独居老人上门理发、擦玻璃、艾灸理疗服务、心理疏导、就医陪诊、口腔检查、中医号脉 9 个依据群众需求转化而来项目,每项服务内容设置明确的点单时间、服务时间、点单条件

等,符合条件的居民群众可根据自身需求线上点单。社工站收到点单通知后第一时间电话联系点单者核实基本信息,协调服务时间、地点等信息,再由平台管理人员联系提供服务的志愿者,为居民群众提供一对一精准服务。

(三)提升数智化水平,增强时间储蓄积分获取便利度

一方面,发挥互联网优势,开发建设"益起志愿"小程序,将"线上存储积分"与"线下提供服务"紧密结合起来,大力推动党员志愿者、社区志愿者、青年志愿者等不同志愿者群体注册使用。注重吸纳具有医疗、心理、法律等背景的志愿者,利用他们的专业特长提升服务质量,特别是对非本辖区志愿者开放注册登记,他们在其他地区的服务也可通过小程序记录,享受积分兑换等激励政策。

另一方面,依托数字化建设,提升志愿者获取时间储蓄积分的灵活度。有组织的志愿服务项目需要经过提出需求、对接资源、开展服务等环节,不够即时、灵活。街道为鼓励群众在日常生活中随时随地参与志愿服务,利用"益起志愿"小程序平台对志愿服务进行记录和对接的优势,设置"日行一益"板块。群众可以通过手机随手拍下自己即时开展的志愿服务活动并上传到平台上,经街道工作人员在后台审核通过后即可获得积分,即时灵活地记录了志愿者根据自己的时间、特长而主动实施的公益性的志愿服务行为。同时,平台也设置"我助你盼"板块,侧重于记录志愿者为有需求的群体提供的志愿服务。志愿服务开展的灵活性和积分获取的便利性可以促动更多志愿者参与志愿服务,增强志愿者对自我身份的认同感、对居住社区的归属感,推动"志愿服务处处可见 志愿服务人人可为"局面的形成。

三　三条石街道志愿服务时间储蓄的主要成效

(一)弘扬了志愿精神

自时间储蓄项目实施以来,共组织志愿服务活动 710 场,参与的志愿者达到 1.7 万人次,截至 2024 年 9 月底累计注册志愿者 10026 名,志愿者年龄覆盖

各年龄段,其中企业志愿者达到320名,有一技之长的志愿者达到180名;组织志愿服务队伍66支,其中24支注册为社区社会组织,拥有自己的章程和议事规则。连续2年组织志愿服务节活动,表彰先进志愿服务者22名,7名表现优秀的志愿者经推荐获得“全国五一劳动奖章”“全国最美家庭”“天津市道德模范”“天津好人”等荣誉。

(二)扩大了志愿服务阵地

在时间储蓄项目下研发的“益起志愿”小程序,不仅为以积分为载体的时间储蓄项目提供更为可视化的场景,而且在街道和社区两级志愿服务站的基础上,开辟了覆盖更为广泛的组织和服务阵地。截至2024年9月底,小程序共发布志愿服务项目14个、志愿服务信息161条、组织开展线上培训6场,累计登录达到6.7万人次,已经成为社区志愿者、社区居民、社区企业了解街道志愿服务工作动态、活动信息的有效途径。

(三)丰富了公共服务供给

时间储蓄项目先后开展“公益市集”等为社区居民提供义诊、法律咨询、生活服务内容的活动18场,提供志愿服务项目108个,服务居民1500余名。同时,设置6个具有针对性的服务项目,例如,组织23名低龄老人开展旨在为高龄老人提供送饭、理发、理疗等服务的银龄互助、老吾老心连心等活动;再如,组织具有较高文化程度的志愿者,在青少年中开展旨在为其提供陪伴、启蒙、心理辅导等服务的快乐英语导读、传统文化少年行、心灵课堂等活动,这些项目不仅丰富了社区供给,也传递了志愿精神。

(四)拓宽了社区各类主体参与社区治理的途径

时间储蓄项目将群众需求、志愿服务、社区资源有效链接起来,在街道、社区、网格党组织的引领下,社区各类主体都能参与服务,为各级党组织提供了有效的引领路径,不仅增加了对“两企三新”的引领力度,而且为社区增添了力量,提升了治理效能。其中非公企业员工、新就业群体也积极参与,由街道外卖员组成的“益锋小哥”志愿服务队，为有需求的老年人、残疾人提供服务，在2023年天津市志愿服务大赛中获得银奖。

四 三条石街道志愿服务时间储蓄中存在的问题

时间储蓄在志愿服务领域备受关注，发展状况却不容乐观，当前志愿服务时间储蓄面临着信任危机和管理困难等诸多问题。主要问题有以下三个。

（一）亟须建立完善志愿服务时间储蓄的相关制度

由于天津还未形成统一的时间储蓄标准或模式，三条石街道志愿服务时间储蓄的相关制度仍处于实践探索阶段，在顶层设计、政策法规、信用担保、互联互通等方面，亟须建立完善志愿服务时间储蓄的相关制度。

（二）亟待解决“时间积分”的转让、通存通兑等问题

三条石街道志愿服务时间储蓄主要依托社区开展，尚未形成跨区域的通存通取系统，并且跨区域性人口流动带来的无法持续记录和跨区域兑换积分等问题，阻碍了时间储蓄制度的进一步发展。

（三）缺少志愿服务时间储蓄数字化管理服务平台

目前，三条石街道社区服务机构在志愿服务时间储蓄模式运营中信息化应用率不高，尚未建立高效的数字化管理服务平台及相关信息管理系统，这直接影响了三条石街道时间储蓄模式的更新完善及通存通兑。

五 完善志愿服务时间储蓄的对策建议

三条石街道志愿服务时间储蓄作为一种新型志愿服务激励方式，不仅解决了志愿服务可持续发展的问题，而且有效化解了政府社会服务兜底压力。为进一步完善志愿服务时间储蓄制度，营造团结互助、和谐美丽的社区氛围，

提出如下建议。

(一)健全完善时间储蓄制度

进一步健全坚实有力的志愿服务支持保障体系,鼓励采取服务积分、时间储蓄等方式,完善礼遇回馈和信用激励机制。一是建立时间储蓄激励保障机制。激励保障机制是影响时间储蓄模式志愿服务的重要因素。在持续完善"志愿点单—志愿服务—积累积分—积分兑换"礼遇回馈机制的基础上,设立时间储蓄专项保障基金,作为兜底保障金,并鼓励第三方运营机构在资源整合方面发挥优势,拓展专项基金的挤兑风险和不可支付风险。二是建立多元兑换机制。不同志愿者有不同的需求,有需要兑换"实物类"产品的,有需要兑换"荣誉类"产品的,还有需要兑换"服务类"产品的。倡导"多存可取、多存少取、多存不取"理念,将时间储蓄产品服务分为"时间换时间""时间换服务""时间赠礼品""时间永存"四大类。同时,设立"及时 + 延时"兑换制度,如果延时兑换,还可获取额外奖励。除了积分兑换外,还可设立志愿者荣誉榜、举办表彰大会等,为志愿者提供更为多元化的兑换选择。三是完善志愿服务"星级认证"。"星级认证"是最受志愿者欢迎的激励机制之一,成为彰显其荣耀的重要标志。可以将志愿者的服务时长与星级等级相结合,分别认证为"一星志愿者""二星志愿者""三星志愿者""四星志愿者"和"五星志愿者","五星志愿者"可以享受每年免费体检、计入社会信用体系等优惠政策。①

(二)探索建立志愿服务时间储蓄服务管理网络

为了更好地实现志愿服务时间储蓄积分管理,持续优化时间储蓄实施方案,建立全市贯通的志愿服务时间储蓄平台体系,形成市—区—街道三级网络,开展通存通兑,提高时间储蓄运行的便捷性和效率。各级平台采取"自愿申请 + 上一级平台认证 + 相关单位审核"的方式,鼓励志愿者和社会组织及企

---

① 《2020 年上海志愿服务发展报告》,《上海志愿服务蓝皮书》,上海人民出版社 2021 年,第 10 页。

业商家积极参与。未来,随着时间储蓄运行机制逐步完善,建议对时间储蓄制度的权利及义务、参与对象、服务内容、纠纷的处理程序等做出明确规定。

(三)建立区域性志愿服务时间储蓄信息化服务平台

建立区域性志愿服务时间储蓄数字化服务平台。由财政划拨专款,对服务平台建设和维护工作给予经费保障。在平台内部建立时间储蓄志愿者数据库并实行分类管理,记录志愿者的性别、年龄以及提供服务的时间、服务类型等信息,形成全区乃至全市统一的志愿服务时间储蓄管理体系,提升平台实用性,使志愿服务更精准和积分兑换更便利。将“线上存储积分”与“线下提供服务”紧密结合,实现志愿服务资源和各类社会服务需求的有效整合和持续优化,平衡供需,共建共享。

(四)加大志愿服务时间储蓄宣传力度

通过借助互联网创新志愿服务宣传方式,拓宽宣传渠道,传播志愿公益文化。不仅通过社区课题和科普讲座进行宣传,还可利用社区公众号、微信群等新媒体手段,提高社区居民对志愿服务时间储蓄运作方式的知晓率和参与率,让志愿服务人人可为、处处可为,实现志愿服务常态化。同时,活动中获得被服务对象的认可和感谢,会对提供志愿服务的志愿者起到激励作用,形成良性循环,促进志愿服务时间储蓄活动可持续发展,扩大志愿服务的认同感、影响力。

武清区杨村街道
志愿服务时间储蓄发展实践

崔宝琛　天津社会科学院社会学研究所助理研究员

姚　鹏　中共天津市武清区委社会工作部

高　靖　中共天津市武清区委社会工作部

摘　要： 杨村街道以“暖阳时光驿站”志愿服务项目为依托，探索志愿服务时间储蓄模式，通过明确职责分工提升志愿服务时间储蓄管理水平、线上线下相结合为志愿服务时间储蓄搭建支撑载体、优化运行机制畅通志愿服务时间储蓄全流程、制定兑换办法提升志愿服务时间储蓄规范化水平等举措，推动志愿服务由单向流动到双向循环转变。但在发展过程中也面临人口高流动性带来的信任危机和管理困难、时间储蓄积分兑换标准和兑换内容单一、监管难度大等问题。因此，应当推动时间储蓄积分实现通存通兑，丰富时间储蓄积分兑换内容，完善对时间储蓄积分的评估和监管，以促进志愿服务时间储蓄健康发展。

关键词： 志愿服务　时间储蓄　积分兑换

2024年4月，中共中央办公厅、国务院办公厅印发《关于健全新时代志愿服务体系的意见》提出，要进一步健全坚实有力的志愿服务支持保障体系，鼓励采取服务积分、时间储蓄等方式，完善礼遇回馈和信用激励机制。为深入贯

本报告部分资料得到中共天津市武清区委社会工作部的支持，特此感谢！

彻落实《关于健全新时代志愿服务体系的意见》，杨村街道以“暖阳时光驿站”志愿服务项目为依托，以时间储蓄为杠杆撬动志愿服务高质量发展大格局，推进互助互惠的志愿服务体系建设。

时间储蓄模式将志愿服务参与时长换算成积分后存入志愿者账户，实现“提供服务—获得积分—兑换服务和物品—持续提供志愿服务”的循环，为志愿者提供了即时且可量化的正面反馈，体现了社会对志愿服务的认可和鼓励，提高了志愿者持续参与的积极性。时间储蓄模式还在个体价值与公共价值之间搭建了桥梁，居民以志愿者身份参与基层治理，不仅有助于加深对社区建设的责任感，培育人人有责、人人尽责、人人享有的社会治理共同体意识，而且能够带动更多居民从被动接受服务的对象转变为社区治理的主动参与者，为基层社会治理构筑坚实的社会基础。

一　杨村街道志愿服务时间储蓄的主要做法

近年来，杨村街道扎实推进志愿服务工作稳步向前，逐步构建起“党建引领、政府主导、社会协同、公众参与、科技支撑、制度保障”的志愿服务发展新格局，为推动志愿服务高质量发展，在市委社会工作部和区委社会工作部共同指导下，探索志愿服务时间储蓄激励机制，将无偿的志愿服务与有形的积分相结合，开展杨村街道时间储蓄志愿服务项目——“暖阳时光驿站”建设。

（一）明确职责分工，提升志愿服务时间储蓄管理水平

杨村街道通过明确职责分工，细化工作任务，推动志愿服务时间储蓄工作落实。一是坚持党建引领，强化组织保障。杨村街道始终坚持以党建引领志愿服务，形成党组织“总揽全局、协调各方”的志愿服务领导体系。在街道层面设立时间储蓄志愿服务领导小组，由街道党工委书记担任组长，街道各职能科室负责人为成员，负责时间储蓄志愿服务的整体规划与协调推进。在社区层面成立社区“一肩挑”担任组长的志愿服务时间储蓄工作小组，工作小组负责志愿者的招募、管理以及志愿服务时间记录、积分兑换工作，并定期召开会议

讨论研究志愿服务时间储蓄工作中存在的问题及解决方案,确保志愿服务时间储蓄工作顺利进行。二是建立联席会议制度。时间储蓄管理领导小组与武清区委社会工作部每月召开 1 次沟通推进会,每季度召开 1 次全体成员会议,根据工作实际适时修改调整实施方案及积分兑换管理办法,实现目标共进、责任共担、发展共议。三是紧抓工作落实,责任细化到人。为确保积分兑换和激励回馈规范化、合理化,设置积分兑换管理员(社区分管志愿服务副职担任)和监督员(居务监督委员会委员担任)各 1 名,管理员负责本社区的活动发布、服务对接、积分兑换和物品的管理、发放、登记工作,监督员负责本社区积分兑换的监管工作。

(二)线上线下结合,为志愿服务时间储蓄搭建支撑载体

杨村街道通过建设信息管理平台和培育兑换驿站,强化线上网络阵地和线下实体阵地建设,为志愿服务时间储蓄搭建支撑载体。一是着力打造志愿服务线上阵地,以数字技术助力时间积分储存、兑换与流通。开发“暖阳时光驿站”项目线上平台——“全时社区”微信小程序①,在平台中嵌入志愿服务板块,开展志愿者报名、需求收集、项目发布、活动组织、服务记录、宣传展示及积分查询、兑换计算等工作。二是按照“试点先行、逐步推广”原则,培育杨村街道“暖阳时光驿站”线下示范站(点)作为时间积分兑换服务空间。街道加强对各站点项目负责人及志愿者的培训,明确各站点的工作任务、流程管理、兑换细则等,依据各阶段重点任务制定培训计划,落实培训内容,提升项目负责人和志愿者的技能。三是促进线上阵地和线下阵地紧密衔接,线上小程序负责积分积累和扣除,线下“暖阳时光驿站”负责发放服务或物品。志愿者关注“全时社区”微信小程序,在“志愿服务”导航栏中的“积分商城”兑换界面,根据积分选择所属社区可兑换的服务或物品。街道设置了专职负责人做好线下统计、对接线上平台等工作,指导线上志愿项目发布、志愿者积分及兑换内容

---

① 该平台致力于实现普惠便民服务,在街道所辖 30 个社区全覆盖,打通政务服务的“最后一公里”,共有街道风采、信息公开、基层治理、便民服务、爱心捐助等 17 个模块。

及时更新。此外，街道充分利用市、区两级新闻媒体和“新杨村”微信公众号、社区微信群、“全时社区”小程序等线上渠道，发放资料、制作播放宣传片、站（点）开展主题活动等方式广泛宣传“以志愿换志愿”理念和实践案例，提高群众对该模式的认知度和参与度。

（三）优化运行机制，畅通志愿服务时间储蓄全流程

杨村街道优化供需对接、评价反馈、积分兑换等运行机制，将激励理念贯通志愿服务全流程。一方面，做好供需对接，将群众所需与志愿者所能相结合，合理设置街道志愿服务积分兑换的服务内容。通过前期调研掌握街道志愿服务人员、队伍、项目和社区便民服务工作的整体情况，了解群众对时间储蓄志愿服务的认知及参与意愿；多渠道收集群众需求并紧密结合街道中心工作定期制定发布志愿服务需求清单，确保志愿服务内容和积分兑换内容切合社区实际情况和群众所需，能激励志愿者持续参与服务。另一方面，统筹街道全域时间积分储存、兑换与流通机制，增强志愿者的荣誉感、获得感。在线上平台注册的志愿者参与志愿服务活动并真实记录时长，经过审核后根据服务类型和内容兑换获得相应积分，时间储蓄获得积分累积到一定数值后可到所属社区的“暖阳时光驿站”换取服务或物品，换取后扣除相应积分但原有志愿服务时长记录不变。

（四）制定管理办法，提升志愿服务时间储蓄规范化水平

杨村街道结合工作实际制定《杨村街道志愿服务积分兑换管理办法（试行）》，对积分兑换的适用对象、组织领导、活动类别、兑换流程、积分有效期、兑换规则进行详细规定，推动志愿服务时间储蓄规范化发展。一是设定差异化的积分发放标准。将志愿服务分为学习宣传、文化健身、互帮互助、文明风尚、应急安全、议事协商、其他志愿服务等，每个类别均设置了具体的服务内容，并根据劳动强度、消耗时间、专业要求等制定相应的积分发放标准。二是丰富志愿服务积分使用途径。开放积分转赠权限，注册志愿者可以选择自己使用积分，也可以将积分捐赠给直系亲属或志愿服务帮扶对象，由受赠人按照规则兑

换使用;拓展积分受益范围,除在“全时社区”微信小程序上注册的杨村街道居民、其他街镇居民以外,对注册地为杨村街道的志愿者在“天津志愿服务网”“中国志愿服务网”累计的志愿服务积分实行通兑。三是重视积分结果使用。加强志愿服务积分与精神激励之间的联结,为积分累计达到一定数值的志愿者颁发荣誉证书,给予获评“最美杨村人”“杨村好人”的提名资格。四是拓宽积分兑换支持资金来源渠道。积分兑换的物资需要稳定的资金来源,街道加强资源整合,建立公益基金账户,为志愿服务项目实施和志愿者激励提供持续支持,同时每年设立精神文明专项资金用于志愿服务阵地建设、日常运营、志愿培训、项目培育、礼遇回馈等。

二　杨村街道志愿服务时间储蓄发展面临的挑战

杨村街道实施志愿服务时间储蓄的成效显著,街道党员和群众志愿者参与志愿服务的积极性得到持续激发,街道志愿服务队伍规模壮大,“奉献、友爱、互助、进步”的志愿服务精神得到广泛弘扬。此外,时间储蓄在促进志愿服务与基层治理融合方面发挥了重要作用,增强了社区凝聚力,为基层治理注入了新的活力和动力,助推志愿服务走向常态化。当前,街道志愿服务时间储蓄发展也不可避免地面临着一些挑战,这些挑战既与志愿服务时间储蓄发展所处的外部环境有关,也与街道志愿服务时间储蓄尚处于探索和完善阶段有关。

(一)时间储蓄面临信任难题

志愿服务时间储蓄成功运作有赖于以熟悉和信任为特征的地域生活共同体的存在,但人口的高流动性给志愿服务时间储蓄带来信任困境和管理困难。不同区域间的积分记录、兑换标准缺乏统筹,导致居民在流动后服务记录无法迁移和累积积分无法通兑,损害了志愿服务时间储蓄可持续发展的信任基础。志愿服务时间储蓄先存后兑的服务机制,志愿者获得激励在时间上滞后于开展志愿服务,导致时间积分的存续、保值存在不确定性。此外,除政府拨款和购买服务外,用于积分兑换的物品主要依靠社会资源支持,但多数社会资源具有项目制、周期性等特点，由此导致的积分兑换资源保障不稳定问题也影响了居民对志愿服务时间储蓄的信任。

（二）时间储蓄积分标准和兑换内容有待完善

积分获取和兑换是推动志愿服务时间储蓄持续健康发展、增强其吸引力和实效性的关键所在，但当前时间储蓄积分获取标准未能充分考虑志愿服务的效果和评价，积分能够兑换的内容也有待丰富。一方面，当前以时间为单位的量化评价标准虽然为志愿服务记录和评估提供了直观的数据支持，志愿者也能够通过具体的时间数值感受到自身的贡献和价值，但志愿服务涉及领域广泛，不同服务项目之间的难度、复杂性和价值存在差异，单一的以时间为单位的量化管理方式不仅难以全面体现这些差异，还可能低估部分高价值但耗时较短志愿服务项目的价值。这一标准还忽视了志愿服务的质量，难以保证志愿服务的整体效果。另一方面，志愿者参与志愿服务的动机多样，不仅包括奉献精神和自我价值的实现，还包括自我提升、求职就业等未来发展的考虑，但当前志愿服务时间储蓄提供的积分兑换内容主要是服务和物品奖励，缺乏对志愿者个人发展的激励。

（三）时间储蓄积分兑换存在管理困难

对于跨区域开展的志愿服务项目或活动，时间积分数据的统一记录、管理和核实面临较大困难。当前志愿服务时间储蓄管理人员以社区工作人员兼任居多，在日常管理和服务提供上难以实现高效化。此外，志愿服务时间储蓄积分兑换的有序运行依赖完善的积分兑换规则，但当前志愿服务时间储蓄积分兑换办法只规定了积分计算和兑换方法，对于不合理积分和兑换情形，缺乏明确定义和应对措施。例如，当志愿服务时间储蓄积分兑换缺乏有效规制，个别志愿者可能会为了实现“时间积分”的快速累积和兑换而盲目参与不适合的志愿服务，影响志愿服务的质量，导致志愿服务效果大打折扣，甚至影响到一定区域志愿服务的持续发展。

三　进一步推动志愿服务时间储蓄发展的思路

时间储蓄通过服务时间存取和积分兑换为志愿者提供了具体可感的反馈,是一种创新性志愿服务激励机制。杨村街道按照“以志愿换志愿”的思路,发展了具有特色性、科学性的志愿服务时间储蓄模式,为完善志愿服务激励机制贡献了有益经验,其在发展过程中面临的挑战也为进一步推动志愿服务时间储蓄完善提供了努力的方向。

(一)推动时间储蓄积分实现通存通兑

一方面,建立统一管理平台。在已有平台嵌入一个区域性的时间储蓄积分管理系统,统一记录、累积志愿者的积分,并实现不同区域间志愿者时间储蓄积分兑换数据的互联互通互认,即无论志愿者在哪个区域参与志愿服务,所获得的时间储蓄积分都能够由系统进行统一记录并在需要时进行兑换,积分兑换地点也不设置区域限制,让志愿者能够在更广的范围内享受积分兑换的便利。另一方面,实行统一兑换标准。在条件允许情况下,推动跨地区合作,与其他区合作探索制定统一的时间积分记录规则和兑换标准,确保各区域、各机构间的积分具有可比性和通用性,消除因积分规则不同、兑换标准不一而导致的“各自为战”现象,切实提高时间储蓄积分的流通性和使用价值。

(二)丰富时间储蓄积分兑换内容

一是拓宽时间储蓄积分兑换的资源来源渠道。建立社会公益联盟,积极与医疗、康养、商超、教育、餐饮、法律等与居民日常生活息息相关的商圈开展广泛合作,拓宽用于时间储蓄积分兑换的资源来源渠道。二是充实兑换的服务内容。打通志愿服务激励体系与社会征信体系之间的联系,将志愿服务纳入个人信用信息记录,在教育服务和管理、就业和创新创业、社会保障和公共生活服务、金融综合服务等方面,给予有良好志愿服务记录的志愿者激励。三是提供符合不同人群多样化需要的兑换内容。例如,为老年人提供情感慰藉、协助服务、出行陪伴、健康科普、健康体检、法律援助等兑换服务，为年轻人提供的兑换服务可以拓展到文体活动、旅行优惠、为父母兑换服务、技能培训、特定商品等类型。特别是可以为志愿者提供持续学习的机会，根据志愿者的特点和需求，综合应用课堂培训、实地演练、交流研讨等方式，为不同类型、领域的志愿者提供有针对性和实用性的培训，使志愿者在奉献他人与社会的同时，能够获得持续成长和发展自我的机会。此外，以季度为周期根据志愿者的兑换需求以及所反馈的问题，灵活调整可供兑换的服务和物品。

（三）完善对时间储蓄积分的评估和监管

一是依据志愿服务的贡献与价值多维度评估确定积分。根据服务项目难度、社会影响力等因素设置不同的权重系数，对志愿服务进行加权量化评估，同时通过深入访谈、观察记录等方式对志愿服务进行全过程评估，平衡好志愿服务时间和服务质量之间的关系，提高积分的科学性。二是健全评价反馈机制。通过服务对象对志愿服务进行评价和反馈，为志愿者改进服务提供依据，助力志愿者实现自我成长，进一步提升志愿服务质量。服务对象在志愿服务订单完成后通过线上平台对志愿服务进行满意度评价，对服务对象反映的问题及时纠正，以便后续改进服务，同时积累有益经验并提供给更多志愿者学习借鉴，确保志愿服务取得更好的效果。三是完善志愿服务积分管理规范。细化对积分记录、存储、兑换等各个环节的操作流程和监管要求，明确违规行为的定义，针对不同程度的违规行为制定相应的处理措施。此外，定期收集志愿者的意见，对违规处理细则进行调整，确保能够适应志愿服务的发展需求，保障志愿者的合法权益。四是开展督导评估。由志愿服务时间储蓄工作小组定期组织督导活动，对积分的记录、兑换以及兑换后的反馈等环节进行检查指导。每季度对积分兑换情况进行总结评估，对积分兑换活动的成效、问题以及影响因素进行深入分析，对作用发挥不明显、活动开展不积极的情况及时进行调整，推动志愿服务时间储蓄健康有序发展。

本报告系天津市哲学社会科学规划项目“新时代志愿服务发展的激励机制研究”（项目编号：TJSRQN23-003）的阶段性成果。

“专业社工+志愿服务”融合发展实践报告

滨海新区泰达街道华纳社区“社工+志愿者”志愿服务发展实践

张　品　天津社会科学院社会学研究所副研究员

摘　要： 滨海新区泰达街道华纳社区通过加强志愿服务队伍建设、推进志愿服务项目建设、常态化开展志愿服务，在志愿服务事业发展中取得了较为显著的成效。在此基础上，华纳社区积极探索“社工+志愿者”模式，以社工指导保障志愿服务活动质量、社工项目化运作链动志愿者力量参与、社工撬动多方资源推动志愿服务多元化、社工引导社会组织中的志愿者开展关爱纾解服务的方式实现社工与志愿者的联动。为了进一步推动“社工+志愿者”志愿服务的发展，建议明确社工与志愿者的共同主体地位，完善社工与志愿者的联动机制，提高志愿者的能动性，注重社工专业特长的发挥。

关键词： 志愿服务　联动机制　社区治理

本报告部分资料得到中共天津市滨海新区区委社会工作部的支持，特此感谢！

社区志愿服务是社区活力的重要指标，也是衡量社区治理水平的重要内容。滨海新区泰达街道华纳社区重视志愿服务工作，坚持在实践中建设队伍、提高质量、打造品牌。在此基础上，华纳社区积极探索“社工＋志愿者”模式，进一步提升志愿服务水平，推动社区治理高质量发展。

一　华纳社区志愿服务发展现状

（一）加强志愿服务队伍建设

一是不断壮大志愿服务队伍。华纳社区以多形式、多渠道的方式持续招募志愿者，诸如现场招募、线上招募，依托志愿者、社会组织等开展介绍招募[①]，依托项目、新业态群体定向招募等。此外，华纳社区以党建联建、社区共建为契机，与21家单位党组织、45家单位达成协议，组建党员先锋队、法律服务咨询团队等，从专业服务、社区服务角度充实志愿服务团队。截至2024年8月，华纳社区共有居住人口6851人，其中注册志愿者1853人，志愿者约占社区居住人口的27%。此外，华纳社区还根据志愿者的兴趣爱好、擅长服务领域，成立了医疗救助服务队、家庭教育指导服务队、“三关爱”服务队等14个志愿服务团队。

二是持续完备社区志愿者管理机制。华纳社区依托“泰YOU爱”积分回馈系统，进一步完善了社区志愿者“招募—注册—培训—激励—考评”的管理体系，为志愿服务队伍建设提供系统性保障。华纳社区通过志愿服务“爱心储蓄银行”项目，建立公益反哺积分制度，让志愿服务也有回报，从而吸引并鼓励更多的人参与志愿服务。目前，公益反哺积分制度已经充分运用到“泰YOU爱”小程序中，华纳社区的居民通过“泰YOU爱”小程序注册成为志愿者，便可报名参加志愿服务，获得相应的积分。志愿服务积分可以在“泰YOU爱”志愿

① 通过社区骨干志愿者、已经和社区共建合作的社会组织介绍未曾和社区合作或参与社区活动的新志愿者注册成为本社区志愿者。

服务互助平台"积分商城"及社区驿站中兑换相应的物品和服务。此外,华纳社区把中西部扶贫馆与志愿服务工作联系起来,依托扶贫馆的志愿服务积分兑换驿站功能,将用积分兑换扶贫产品作为回馈志愿者的一种方式,每年提供价值不低于25000元的物品用于文明积分兑换。[①]

(二)推进志愿服务项目建设

一是打造志愿服务品牌项目。华纳社区以项目运作的方式开展志愿服务,"爱心储蓄银行"项目、"宝妈成长记"项目、"健康在线"项目等逐渐成为社区志愿服务的品牌项目。[②] 例如,"健康在线"项目以开放空间、问卷调查等方式了解居民的实际需求,据此寻找资源、设计服务内容。项目采取线上线下相结合的方式搭建多种服务渠道(线上Q医,线下义诊、讲座、应急救护、社区层面上紧急事件救助支持等),大力倡导健康的生活方式,逐步推进健康理念,提高居民的健康知识知晓率和健康行为形成率。除了咨询互动,项目还运用小组及个案工作方法,对不同需求群体开展深入的健康教育以及身体实况跟踪,并根据居民的身体情况进行分类管理。为了保证项目实施的效果,华纳社区组建了专业化的医疗救助志愿服务队,团队目前有成员13人,均为来自泰达医院、泰达心血管病医院、社区卫生服务站等单位的专业医师。

二是整合社会资源打造共建项目。例如,华纳社区引导商户履行社会责任,鼓励理事会以团体志愿者的身份参加社区志愿服务,商户也可以将自己的产品或者优惠活动借助"泰YOU爱"志愿服务互助平台回馈社会,为辖区提供更多便民、惠民服务。[③] 华纳社区依托社会组织联合会,整合社会资源举办"纳爱同行"周末市集全年系列活动,并根据不同的市集主题设置相应的活动板块,据此开展服务活动。例如,2023年4月"纳爱同行"周末市集的主题为

---

① 《入选市级典型案例!滨城泰达华纳社区"空间换服务"基层治理创新,助推社区服务高质量发展》,"AI泰达"微信公众号,2023年12月27日。

② 《滨海新区这个社区里面,有这样一支医疗救助队》,https://baijiahao.baidu.com/s?id=1634103651830621723&wfr=spider&for=pc,最后检索时间:2024年9月12日。

③ 《泰达街华纳社区成立"御景园邸商户共同缔造理事会"》,"天津滨海文明"微信公众号,2021年12月27日。

“纳”些爱，活动设置了暖民心便民服务、连民心法律援助、悦民心文化活动、惠民心爱心超市四大板块，[①]2023年5月的市集主题为“纳”些趣，活动根据即将到来的全国助残日、全国爱眼日、儿童节特别设置了残疾人义卖、眼科义诊、未成年人爱心涂鸦板块。[②]

（三）常态化开展志愿服务

一是实现志愿服务与居民需求的对接，使志愿服务稳定开展。未成年人和老年人是社区人口的重要组成部分，华纳社区围绕“一老一小”，开展“走出宅院，共享天伦”“陪你聊吧”“夕阳看世界”、插花、厨艺比拼、母婴关爱、快乐成长季等丰富多彩的活动，志愿服务在满足居民需求的情况下得到可持续发展。

二是结合特定节日和日期开展相应主题的志愿服务活动。例如华纳社区在“学雷锋纪念日”联合辖区共建单位共同开展“我的社区我来建”主题活动，近百位居民一起健步行、垃圾捡拾、平安巡查，用实际行动践行雷锋精神和志愿服务精神。华纳社区医疗救助志愿服务队在世界无烟日、世界卫生日、世界艾滋病日等特殊日子里，走进校园，普及相关知识，以提高未成年人的健康意识。

三是依托“泰YOU爱”，将志愿服务融入日常。“泰YOU爱”是志愿服务互助平台，其发布的任务既有“学雷锋”等大型志愿服务活动，还有帮取快递、帮助买菜等生活类互助，志愿者可根据实际情况随时认领平台发布的任务，由此展开志愿服务。

---

① 《泰达街道华纳社区：“纳爱同行”周末市集 为民服务提升幸福感》，http://tjbh.com/c/2023-04-22/1193351.shtml? TPWlanWarnChecked=0，最后检索时间：2024年9月12日。

② 《泰达街道华纳社区举行“纳爱同行”周末市集》，https://www.163.com/dy/article/I4S8SH4R0514U96D.html，最后检索时间：2024年9月12日。

二　华纳社区探索“社工＋志愿者”志愿服务

为进一步提升志愿者的能力,加强志愿服务队伍建设,推动志愿服务多元化、专业化发展,推进志愿服务项目高效执行,提高志愿服务的社会认知度和影响力,助力基层社会治理,华纳社区坚持积极探索“社工＋志愿者”模式。

(一)华纳社区实现社工与志愿者合作的工作思路

社工与志愿者有着扎实的合作基础以及广阔的合作空间,原因在于两者都是社区治理的重要力量。一方面,志愿服务的对象是人,社区则是居民日常生活的主要场所,在这种情况下,社区就成为志愿服务的主阵地、主场景。另一方面,随着国家社会治理任务的不断细化和下沉,社会工作专业定位逐渐从社会治理转向基层治理。① 可见,在社区治理中,社工与志愿者的使命一致,都以集体主义为导向,服务社会困难群体,参与社区公共事务,为政府公共服务提供有益补充。社工与志愿者的互动融合发展可以将社工的专业性和志愿者的广泛性相结合,形成优势互补,在助力基层社会治理的同时,持续推进志愿服务精准化、规范化、专业化、品牌化。

社工与志愿者的联动是“五社联动”的重要内容。华纳社区在推进“五社联动”机制探索过程中,逐步形成了促进社工与志愿者合作的工作思路。在志愿服务活动组织中,明确社工与志愿者的角色及作用,即社工具备服务提供者、使能者、资源获取者的角色,需要发挥需求发掘,方向引领、资源撬动的作用;志愿者具备服务提供者、参与者的角色,需要发挥提供服务、帮助他人的作用。在此基础上,通过组织社工和志愿者共同培训、确立社工和志愿者联动机制等,强化社工和志愿者“唇齿相依”的联系,以及协作能力。

---

① 童敏、李诗雨:《从帮扶到治理:中国社会工作的历史转向与自主知识建构》,《社会工作》2024年第3期。

（二）华纳社区开展“社工＋志愿者”志愿服务的路径

一是以社工指导保障志愿服务活动的质量。华纳社区鼓励社工参与社区志愿服务活动，对有限和分散的资源进行统筹；从专业赋能的角度促成志愿服务“项目化”运作，防止志愿服务“任务式”运作，并对项目进行有效策划、协调和监管；对志愿者进行专业化引领，使其在志愿服务活动中发挥更为积极的作用。

二是以社工项目化运作链动志愿者力量的参与。这种方式或者由社工负责活动的策划、组织管理和评估工作，志愿者负责提供具体服务，或者由社工组织志愿者开展服务活动。虽然是将志愿者作为一种重要资源融入社工服务项目的开展过程，却也为志愿者提供了更多的实践机会，并能使志愿者在更为专业化的服务中提升自身的能力。例如，华纳社区的“为爱前行”项目为了完善平安社区建设工作体系，打造由辖区单位、骨干志愿者、物业等各界力量组成的志愿服务队伍，守护一方平安；为了推动法治社区建设，华纳社区社工联动“三官一律”推动人民调解、社区微法庭等各项工作开展，将司法调解引入社区，打破由社工单一调解或法官进社区调解的传统模式，形成多方参与共同解纷的新局面。

三是以社工撬动多方资源推动志愿服务多元化。满足居民需求的服务是开展志愿服务重要的资源。近几年，华纳社区的社工针对居民的现实需求，不断发掘并整合辖区内优质服务类商家和社会资源，不仅引进大型商超、理发、小修小补项目等50余家商户，在培育华纳社会组织联合会能力的同时，为社区居民打通便民十五分钟商圈“最后一百米”，还搭建集购物、娱乐、公检法司咨询、义诊等为一体的综合平台，方便居民的日常生活。这些便民服务资源也成为华纳社区拓展志愿服务项目的依托，例如，华纳社区的社工联合辖区内美容美发爱心企业，成立了“小剪刀”理发服务队，以贴近居民的方式为居民服务,并入户为高龄老人以及行动不便的老人提供理发服务。[1]

四是以社工引导社会组织中的志愿者开展关爱纾解服务。华纳社区重视社会力量在社区治理中的作用,积极引导、鼓励扶持社区社会组织的发展。目前,华纳社区已具有社区服务、家庭教育、育儿、养老等不同类型的社会组织,这些社会组织也成为华纳社区联合社工与志愿者开展志愿服务的重要平台。例如,华纳社区的“银龄健身沙龙”社团在社工的带领下,为老年人提供心理咨询、陪聊、文化活动、体育健身指导等多元服务。

三　推动“社工＋志愿者”志愿服务发展的对策建议

华纳社区虽然在开展“社工＋志愿者”志愿服务方面取得了一定的成绩,但也存在着一些不足,凸显了“社工＋志愿者”志愿服务发展面临的一些共性挑战:较为重视社工的主导作用,弱化了志愿者的主体地位,两者平等合作关系的建设需要推进;社工与志愿者在理念结合、方法借鉴、项目协作、资源共享、领域整合、能力相互促进等方面仍需加强,两者的联动机制有待完善;社工和志愿者作为志愿服务活动的主体,志愿者的能动性与社工的专业特长还需进一步发挥。为了巩固既有成果,促进“社工＋志愿者”志愿服务持续发展,针对以上挑战提出如下对策建议。

(一)明确“社工＋志愿者”志愿服务中两者的共同主体地位

一是明确社工和志愿者在志愿服务中的定位。社工具备解决问题、满足需求、整合资源,以及为社区中的个人、家庭、群体提供支持和服务等能力,因此社工是志愿服务活动的组织者、赋能者和协调员。志愿者是志愿服务活动的主要实践者,同时也是提供志愿服务的主力军。

二是充分体现志愿者的价值。除了肯定志愿者提供服务的功能,还要挖

---

[1] 《泰达街道华纳社区开展“二月二龙抬头　爱心理发进社区”便民服务活动》,http://www.tjbh.com/c/2023-02-20/1167837.shtml,最后检索时间:2024年9月12日。

掘志愿者所拥有的资源，尤其是经验丰富的志愿者所掌握的所在区域志愿服务的发展情况，诸如具备的条件、已经形成的基础、存在的不足、未来的努力方向等，要充分吸纳他们基于个人经验、智识提出的意见、建议，使之成为组织志愿服务活动的重要参考。

三是实施社工与志愿者的“双向互动”。要在充分认识社工与志愿者作用与价值的基础上，明确两者的责任和使命，通过合理的分工协作改变志愿者被动参与以及主要作为协助者的状态，实现社工与志愿者的互助建构、双向赋能，进而形成合力，有效推动志愿服务持续发展。

（二）完善“社工+志愿者”志愿服务的联动机制

一是促进社工与志愿者服务理念的结合。基于社工和志愿者共同具备的“助人”属性，以及社工具有理论、方法、技巧，志愿者具有热情、爱心、行动的不同优势，将社工秉持的“助人自助”（给予服务对象以能力从而促使其改变自身的状况）与志愿者秉持的“助人为乐”（向他人提供无偿援助）结合起来。

二是基于不同类型的服务项目实施不同的社工与志愿者联动方式。根据志愿服务的实际需要，明确社工与志愿者在活动中的具体分工。例如，在日常服务项目中，以志愿者实践为主，社工提供指导；在专业服务项目中，社工负责主要工作，志愿者进行配合；在大型服务项目中，社工组织志愿者开展服务。

三是推进社工与志愿者的互助。在志愿者协助社工，社工指导志愿者的基础上，开展志愿者对社工进行服务经验传授的相关工作，增加两者互助的内容。为了加深社工与志愿者相互帮助的深度，可组织同类型的社工与志愿者（如提供助老志愿服务的志愿者与从事老年社会工作的社工，提供助残志愿服务的志愿者与从事残疾人社会工作的社工）进行交流实务技巧、工作心得等方面的互动。

四是强化社工与志愿者的交流。推动社会工作服务机构与志愿者管理部门、志愿服务组织的合作；由特定部门或机构统筹社会工作、志愿服务、社区工作，在管理体制上助推社工与志愿者的互动沟通；以共同学习培训、完善志愿服务平台建设、搭建社区志愿服务平台等方式，使社工与志愿者在项目合作外得到更多的交流机会。

(三)提高"社工+志愿者"志愿服务中志愿者的能动性

一是尊重志愿者的需求。了解志愿者参与志愿服务的不同动机,诸如爱心助人、发挥特长、学习技能、增长见识、扩大交往等。在此基础上,尊重和满足志愿者的愿望,使其能够保持热情,持续服务。

二是有效发挥志愿者的作用。完善志愿者档案,详细登记志愿者的个人基本情况,志愿服务领域、能力、经历等信息,掌握每位志愿者的专业能力、愿望需求、爱好特长等情况,为志愿者培训和组织志愿服务活动工作做好信息储备。根据志愿者的服务领域进行分类,在志愿服务基本知识培训的基础上,进行有针对性的专业培训(如助老志愿者的培训内容包括老年人的居家安全问题、健康管理知识、心理关怀与沟通技巧、社会支持网络构建,以及基本的应急处理技能等方面的内容),增强志愿者提供志愿服务的能力和信心。做好志愿者专业特长与群众需求的对接,据此开展符合实际的服务项目,使志愿者能够提供有效的关爱和服务,促进问题的解决。如此,服务对象能够获得帮助,志愿者也能感受到自身的价值。

(四)注重"社工+志愿者"志愿服务中社工专业特长的发挥

一是加强培训,使社工对于志愿服务知识有更深入地了解。不仅要提升社工的专业技能,还要强化社工对志愿精神、志愿服务理念的理解和对《志愿服务条例》等法规制度的学习,使其更为熟悉志愿服务工作。

二是推动社工积极参与志愿服务工作。不断完善相关机制,使社工更好地参与志愿者的挖掘、招募、组织、培养等活动,并在志愿服务项目策划、方案设计、资源引入、活动培训、组织管理等环节为志愿者提供精准指导。提升社工项目开发、资源协调的能力,促进志愿服务多样化,例如,结合社区居民需求和实际问题,围绕社区安全、助老助残助困助孤、科普、关爱退役军人等工作设计更多的志愿服务项目。增强社工获取社会资源的能力,引导文体类社会组织由自益转向公益,参与社区服务活动。

三是发掘更多的途径使社工的专业优势得到进一步发挥。首先,人才招募、人员培训、项目与资源挖掘、活动组织、工作评估等已经被实践证明了的社工应该做的且确实发挥了实效的工作,是社工在志愿服务中承担的基本功能,理应得到稳固与强化。其次,社工在联合志愿者提供服务过程中出现的问题,意味着其工作可能存在不足,这就需要查漏补缺,在现有社工功能的基础上进行补充。再次,随着“社工+志愿者”志愿服务活动的持续深入开展,会出现新的社工工作和任务,其功能也需要及时随之拓展。

河东区大王庄街道信和苑社区“社工＋志愿者”志愿服务发展实践

孙　娜　河东区大王庄街道办事处宣传文化办公室(网络安全和信息化办公室)主任
闫新秀　河东区大王庄街道信和苑社区党委书记、主任
仓　源　河东区大王庄街道办事处党群服务中心九级科员

摘　要： 随着社会服务需求日益增长,传统的志愿服务模式已无法完全满足现代社会的复杂需求。河东区大王庄街道信和苑社区所采用“社工＋志愿者”这一创新志愿服务模式实践,探索了社工与志愿者之间的联动机制,以及社工如何更有效地介入和引导志愿服务活动。社工在专业培训、资源整合、项目规划等方面发挥着关键作用,而志愿者则以其热情和灵活性补充了社工的服务能力。但“社工＋志愿者”联动模式在实际操作中也面临着挑战,有待进一步优化和创新发展。

关键词： 社工＋志愿者　志愿服务　联动机制

2024年4月,中共中央办公厅、国务院办公厅印发《关于健全新时代志愿服务体系的意见》(以下简称《意见》),明确提出鼓励基层群众性自治组织搭建志愿者、社会组织、社会工作者合作平台,促进志愿服务深度融入基层社会治理。依据《意见》部署要求和国家机构改革方案赋予的社会工作部门职能定位,新时代的社会工作应建立和完善“五社联动”工作机制,确保基层治理高效、有序、可持续发展。

天津河东区大王庄街道信和苑社区自2020年9月成立以来,以提升居民

思想觉悟、道德水准和文明素养为导向,大力倡导奉献、友爱、互助、进步的志愿精神,通过完善党建引领基层治理的体制机制,积极探索社工与志愿者的联动模式,创新工作思路,整合辖区资源,搭建服务平台,促进志愿服务与群众需求精确对接,不断打造“诚信、和谐、文化兴苑”的美丽家园。

一　信和苑社区志愿服务发展现状

信和苑社区位于河东区大王庄街道东侧,辖区面积约 0.26 万平方千米,共有居民 4174 户,总人口数 5593 人,下辖雅颂居、中海城市广场、嘉里汇、香格里拉等多个楼宇。辖区企事业单位、教育卫生机构及商务楼宇相对集中,人口密集,情况复杂。

(一)志愿服务阵地建设日趋完善

信和苑社区以社区党群服务中心为主阵地,有效连接辖区内多个室内外共享空间,推进社区志愿服务工作开展。社区在综合服务设施中配置学雷锋志愿服务岗、青年志愿服务岗等便民类志愿服务站点;在小区各类公共服务设施中设立“五爱”教育阵地(青少年志愿者站点)、百姓讲堂(宣讲志愿站点)、红色记忆博物馆(文化志愿者站点)等特色志愿服务站点。社区不断加强统筹协调,整合辖区内各类志愿服务阵地,三年来共建成为民服务、文化活动、议事协商、宣教展示等 10 余个特色志愿服务阵地。同时,不断加强志愿服务站点标准化建设,做到有场所、有队伍、有项目、有设施、有制度、有标识,具备需求收集、项目发布、招募培训、活动组织、服务记录、宣传展示等功能,为志愿者常态化开展志愿服务提供支撑。

(二)志愿服务队伍不断充实

社区以“爱党爱国、热心公益、有服务经验、有专业特长、可持续参与活动”为标准,积极招募志愿者,包含社工、社区党员、居民群众、大中小学生、快递小哥、企业职工等各类人群。截至 2024 年 8 月,社区共招募志愿者 700 余人,志愿者男女比例均衡,年龄跨度较大,形成“主力+特色”的队伍架构,组建了政策宣讲、文化文艺、治安巡逻、环境整治、矛盾调解等14支主力志愿服务队伍。社区积极联动各方力量,摸排辖区专业人才,引导有一技之长的居民各展所能帮助邻里,吸纳律师、医生、教师、水电工、理发师等专业人才入选“社区能人库”。目前,“社区能人库”已成功吸纳50人,组建了多支特色志愿服务队,充分发挥“人熟、地熟、专业有特长”的优势,帮助社区和居民解决各种“疑难杂症”,为社区管理建言献策,形成民事民议、民事民办的局面。

(三)志愿服务资源获得有效整合

2023年3月,社区成立志愿者服务联盟,该联盟由大王庄街道志愿服务总队发起,由辖区内机关事业单位、企业、学校、科研院所以及多家社会组织等共同组成。本着统一招募、统一组织、统一行动、统一管理的原则,按照无偿性与公益性相结合、组织性与业余性相结合,充分发挥联盟成员的专业特长,开展各种集中和经常性的志愿服务活动。社区志愿服务队负责指导和支持联盟各志愿服务队开展活动,对联盟成员开展的活动定期进行跟踪问效,定期听取联盟成员单位工作汇报,指导、监督成员单位开展志愿服务活动。社区组织联盟成员多次召开联席会议,定期汇报和交流区域内志愿服务工作进展情况,商讨和推进联盟各项工作事宜。

二 信和苑社区“社工+志愿者”志愿服务主要做法和成效

(一)“社工+志愿者”探索新途径,推动社会治理创新

“社工+志愿者”模式,社工重在链接资源,志愿者服务强调专业技能。社工在为社区居民提供社会工作服务的同时,一方面注重整合社区资源,凝聚社会力量,激发志愿服务活力,构建共建共治共享社区格局;另一方面,加强志愿者业务培训,不断提升志愿者的服务意识和服务水平,强化志愿服务项目设

计，让志愿者参与感、获得感和存在感不断提升。

做好人民群众矛盾调解工作是新时代社会工作最重要的任务之一，在信和苑社区，由社工牵头成立了“宜和调解工作站”，定期召开群众恳谈会，将群众“请进来”，谈想法、提建议，精准了解群众诉求。成立“矛调帮帮团”志愿者服务队，法官、律师、政府信访部门工作人员被不断吸纳进入志愿服务队，协助矛盾调解和社区帮扶。自“宜和调解工作站”和“矛调帮帮团”志愿服务队成立以来，累计接待群众 111 批次 217 余人次，为群众提供了优质的法律保障和调解服务，切实提升了居民的获得感、幸福感、安全感。“社工 + 志愿者”融合模式，将社工引入志愿服务工作中，可以实现志愿服务专业化、精准化和持续化，让“有意义”的事情变得“更专业”，推动形成社工与志愿服务融合发展的良好局面。

（二）“社工 + 志愿者”激发新活力，提升社会服务水平

社区大力推动“社工 + 志愿者”模式，根据志愿者特点因地制宜安排工作岗位，设置政策宣传岗、治安调解岗，环境保护岗、矛盾调处岗、文化艺术岗、经济发展岗等，“社工 + 志愿者”模式弥补了社区治理在管理人员不足、社工专业技能水平低、志愿服务项目领域不宽的问题。

社区积极联动社区卫生服务中心、日间照料、养老院、为老服务社会组织等社会资源。社工和志愿者紧密合作，社工进行活动的组织与策划，志愿者负责开展健康知识普及、手机课堂、视频制作、烹饪烘焙等专业知识培训。近年来，社区针对独居老人培育“热心邻里”“信和老年人俱乐部”等服务项目，以“暖心问候”推倒“隔心墙”，以“邻里互助”织密“连心网”，营造了“邻里一家亲”的良好氛围。针对小区外籍人士多的特点打造的“外国妈妈学中文”和“多国语言翻译小分队”等多个中外交流型志愿服务活动，探索了社区服务国际化路线，营造了“包容、参与、互助、共享”的国际化社区氛围。针对青年人才群体打造的“诚信讲堂”“社区治理我参与”等公益服务项目，吸引了众多青年人才深度参与社区基层治理工作，让青年人才在参与基层社会治理中大有可为、大有作为。由社区居民和宠物医院组建的“爱宠志愿者服务队”，通过网格

群普及猫咪养育知识,免费推行“流浪猫咪绝育计划”,解决了爱猫者和社区居民的矛盾纠纷,改善困扰小区多年的流浪猫问题。“社工 + 志愿者”的融合模式,激发了辖区群众参与志愿服务活动的热情,为“人人关心、人人参与”志愿服务氛围的形成打下良好基础。

(三)“社工 + 志愿者”注入新力量,营造和谐社区氛围

社区积极筹建书画院、棋社、民间藏品科普馆等特色阵地,吸引了来自天津音乐学院、天津歌舞剧院等高水平院校、单位、文化志愿服务队的积极参与。一方面挖掘高水平艺术人才充实“社区能人库”,另一方面以“文艺”为媒介吸纳既有文艺特长、又热心于社区工作的志愿者为骨干,为老年人开设舞蹈启蒙、古典音乐赏析、书法国画、摄影短视频、戏剧朗诵等文化美育课程。目前社区文艺志愿队已有 100 余人,成为社区最有活力的志愿服务组织之一。社工利用资源优势,带领文艺志愿服务队,将精彩的文艺演出带出社区,走进企业、走进工地,定制专属于各企业的文艺志愿服务演出,并不断提升服务能力。该志愿服务队连续三年为辖区居民、企业职工开展文化惠民活动 100 余场,将丰盛的文化大餐送到社区群众和企业职工身边,打通文艺志愿服务“最后一公里”,找准“结合点”和“切入点”,切实增强了社区的凝聚力和向心力。“社工 + 志愿者”融合模式,通过丰富多彩的志愿服务活动,营造了和谐、友爱、互助的良好社区氛围,促进了辖区文化团体与企事业单位的交流与合作,增强了社区的凝聚力和向心力。

(四)“社工 + 志愿者”探索新模式,深化拓展服务领域

社区工作者以社区志愿服务站点为依托,组织社区志愿者参与环境治理、社区和谐、关爱服务等活动,着重以青少年和社区老人为服务对象开展志愿服务。

在信和苑社区,由社工和辖区大中小学生组建的“寸草心”青年志愿服务队,长期与社区独居老人开展结对共建,为老人送去欢乐与温暖。为了切实解决老年人智能手机使用难的问题,社区创建“指尖课堂”志愿服务项目。其中

社工以集中授课方式组织身体健康的老年人到社区活动室统一学习使用智能手机。服务时间不能固定的大学生志愿者则以“1＋1”的组队模式到出行不便的老人家中进行辅导。社区不断深化拓展青少年服务领域。联合辖区社会组织充分利用党群服务中心闲置空间探索开展儿童托管服务模式，利用4点半课后时间，开展科普游学、国学文化、非遗民俗、阅读赏析、心理讲座等丰富多彩的青少年课后托管活动，有效解决职工家庭假期“带娃难”问题。打造“益·乐为营”冬夏令营，从辖区大学、企事业单位、退休教师中招募志愿者，集中辅导学生假期作业，培养兴趣爱好，为辖区孩子提供丰富、充实、精彩的假期生活。在公益托管期间，社工与志愿者老师分工协作，督促学生按时完成作业，保证假期作业完成。同时，结合自身专业优势，志愿者还向学生讲授硬笔书法、外语口语、非遗手作等专业课程，培养学生的兴趣爱好，为学生的假期生活增色添“彩”。

三　信和苑社区“社工＋志愿者”志愿服务发展面临的挑战

信和苑社区“社工＋志愿者”协同模式在志愿服务过程中存在一些问题，也面临着一些挑战，如角色定位不清、沟通不畅、能力差异、激励机制不健全等，出现了“联而不动”“平行不联”等情况。

（一）社工与志愿者之间存在角色差异

由于专业背景、工作经验和个人认知等方面的差异，社工与志愿者之间往往难以建立顺畅的沟通渠道。这种差异可能导致双方在工作理念、方法以及目标设定上存在分歧，进而影响合作的效率和效果。例如，社工可能更注重服务的专业性和系统性，而志愿者则可能更关注服务的热情和投入度。这种差异需要通过有效的沟通和理解来弥合，但实际操作中往往存在一定的困难。此外，缺乏统一的沟通平台和机制也是一个重要的问题。没有有效的沟通渠道，信息传递可能不及时、不准确，这会直接影响到志愿服务的连贯性和一致性。例如,志愿者可能无法及时了解服务对象的最新需求,或者社工的指导建议不能迅速传达给志愿者,从而错失了最佳的服务时机。

(二)缺乏有效的组织协调和管理机制

社会工作与志愿服务的联动协调受到很大限制,运作程度较低,这往往导致资源分配不均、信息共享不畅,进而影响服务效率和质量。例如,社工在制定服务计划时可能缺乏对志愿者资源的全面了解,而志愿者在执行任务时也可能因不了解社工的专业要求而难以达到预期效果。由于缺乏统一的管理和监督机制,志愿服务质量难以得到有效保障,浪费人力资源和物力资源。没有明确的标准和指导原则,志愿者的服务内容和方法可能参差不齐,甚至出现重复劳动或无效劳动的情况。这不仅降低了服务的专业性,也可能导致服务对象的不满和信任缺失。

(三)缺乏激励和保障措施

志愿者参与志愿服务的动力来源于内在动机和社会认可。许多志愿者基于对社会的责任感、对弱势群体的同情心,或是希望通过服务活动实现自我成长和价值体现等内在动机,投身于志愿服务。同时,社会的认可,如荣誉证书、表彰大会等,也是激励志愿者持续参与的重要因素。然而,目前缺乏有效的激励机制,无法充分激发志愿者的积极性和创造性。激励机制的缺失表现在多个方面。一方面,物质激励不足。虽然志愿者的服务是基于自愿和无偿的原则,但缺乏交通补贴、餐饮补助等物质奖励,无形中会增加志愿者的经济负担,削弱志愿者的服务热情。另一方面,精神激励不够。除公开表彰外,缺乏日常的肯定和鼓励,导致志愿者的成就感和归属感不足。

(四)社会环境对“社工+志愿者”模式支持相对不足

社会对“社工+志愿者”模式的认识和重视程度不够。在一些地方,志愿服务被视为一种边缘化的活动,缺乏足够的关注和支持。这种认识上的缺失导致社工和志愿者在筹集资源、招募人员以及推广志愿活动时遇到困难。社会资源的分配不均也影响了“社工＋志愿者”模式的发展。社工需要投入大量的时间和精力与不同的组织、机构以及个人进行沟通协调，以确保资源的合理分配和有效利用。资金、场地、物资等资源的匮乏限制了志愿服务项目的多样性和质量，使得社工和志愿者难以充分发挥潜力。公众对“社工＋志愿者”模式持观望态度，不愿意主动参与或支持志愿服务活动，这在一定程度上削弱了志愿服务的影响力和可持续性。

四　推动信和苑社区“社工＋志愿者”志愿服务发展的对策建议

“社工＋志愿者”模式是基于信和苑社区治理服务实际，着眼于提高社区服务质量，经过严谨调研论证所采取的社区服务发展新模式，在整合社区志愿服务资源、健全人才队伍、深化服务领域等方面具有不可忽视的优势。然而该模式经验积累较少，相关配套机制协同性不足，阻碍了该模式服务治理效能的进一步提升。因此，需进一步完善“社工＋志愿者”模式，将基层社会治理创新向纵深推进。

（一）加强培训与沟通

通过组织专业培训课程和交流活动，提升社工与志愿者的专业素养和服务能力，实现知识共享和技能互补。根据不同的服务方向组织并普及志愿者培训，实行“老带新”的小组教导模式，帮助新志愿者快速适应学习。同时，要突出社工专业优势，补充服务督导角色。在实践过程中，除讲授志愿者社会工作技巧外，社工也可以充当督导，对志愿者的服务进行分析并指出其中的不足。通过这种方式，在推动志愿服务进步的同时提升“社工＋志愿者”的服务质量与专业水平。建立持续学习机制，鼓励双方不断更新知识、提升能力，以适应社会发展的需要。此外，需要优化管理流程和沟通机制，搭建便捷的沟通平台。简化烦琐的行政程序，减少不必要的环节，使服务更加高效便捷，建立定期的交流和反馈机制，确保信息的畅通无阻。

(二)构建完善的协同工作机制

通过构建完善的协同工作机制,明确双方职责范围,确立协同工作的具体流程和操作规范。首先,明确社工与志愿者的职责分工,社工作为专业引领者,负责制定服务计划,提供专业培训和督导,确保服务质量;志愿者作为服务的直接提供者,负责执行具体任务、收集反馈信息。通过合理的分工,促使两者充分发挥各自的优势,提高工作效率,避免职责重叠和资源浪费。其次,确立协同工作的具体流程和操作规范,这是实现高效协作的重要保障。制定详细的工作流程图和操作手册,明确每个环节的责任人、时间节点和预期成果。同时,建立风险评估和应对机制,确保在遇到突发情况时能够迅速响应并妥善处理。利用现代信息技术手段提升协同工作效率。例如,通过建立在线平台或移动应用,实现任务分配、进度跟踪和成果展示的数字化管理。这不仅可以提高信息传递的速度和准确性,还能方便地进行数据分析和决策支持。

(三)建立有效的激励机制

志愿者的心理动力与需求主观且抽象,但要满足志愿者的心理需求就要将其具象化。对于积极参加活动的志愿者可以提供一些实质证明或奖励,让志愿者"看见"自己的奉献成果。例如,建立志愿服务积分制度,搭建积分兑换站点,实行积分兑换实物和服务。志愿者参与社区服务活动后,根据服务时长和服务质量获得相应积分,这些积分可用于兑换生活用品、文化娱乐票券等奖励。同样,志愿者的志愿服务积分与评价可列入单位评优先条件或作为重要参考。同时,还应关注志愿者的内在动机,营造良好的志愿服务氛围,满足志愿者帮助他人、实现自我价值的精神追求。通过定期举办志愿者交流会、表彰优秀志愿者等,进一步增强志愿者的归属感和荣誉感。

(四)积极营造社会支持环境

广泛宣传成功案例和先进经验,吸引更多社会力量参与社会服务事业。社区应当加大对"社工+志愿者"协同机制的宣传推广,提高全社会对"社工＋志愿者”模式的认知度和参与度。强化资源链接，扩大视野、联动多方，全面细致地分析资源，尽可能拓宽资源获取的渠道。对于已经链接成功的资源，要保持一定的联系，定期向其推送服务活动的信息与成果，凸显自身的价值以吸引资源方的长期合作。

西青区赤龙南街佳和荣庭社区“社工+志愿者”志愿服务发展实践

梁　爽　天津社会科学院副研究员　吉林大学哲学社会学院博士研究生
刘　欣　中共天津市西青区委社会工作部

摘　要： 西青区赤龙南街佳和荣庭社区坚持“抓班子带队伍、抓党建强服务、抓谋划促发展、抓治理保稳定”的发展思路，总结提出“荣庭六法”特色工作模式，不断完善志愿服务队伍管理机制，做深做实志愿服务项目。佳和荣庭社区通过“强化阵地建设，带动‘社工+志愿者’联动参与”“链接社会资源，丰富‘社工+志愿者’服务项目”“健全制度管理、赋能‘社工+志愿者’队伍建设”的“社工+志愿者”志愿服务实践，探索志愿服务运行的长效机制，得到了居民和社会的广泛好评。在实践过程中发现，佳和荣庭社区现行的“社工+志愿者”志愿服务联动工作体系有待完善，组织和管理效能有待提升，服务项目开发有待深化。结合佳和荣庭社区实践经验及面临的挑战，建议进一步强化联动工作体系建设、提升组织管理效能、深化志愿服务项目开发，推动“社工+志愿者”志愿服务实践创新发展。

关键词： 社工+志愿者　志愿服务　联动机制

习近平总书记强调，“城市治理一定要夯实社区这个基础，社区建设好了

本报告部分资料得到中共天津市西青区委社会工作部的支持，特此感谢！

才能真正造福广大居民群众"。2024年4月,中共中央办公厅、国务院办公厅印发《关于健全新时代志愿服务体系的意见》,志愿服务作为基层社会治理的一项重要途径,正逐步纳入基层党的社会工作的整体框架,社区将成为志愿服务的"主阵地"。[①] "社工+志愿者"协同发展、联动推进将成为新时代社会工作、志愿服务发展的必由之路。天津市西青区赤龙南街佳和荣庭社区作为城市公租房社区的一个缩影,探索特色鲜明、亮点突出的"社工+志愿者"志愿服务发展路径,提升社区服务水平,增强治理成效,得到了群众的广泛好评。

一　佳和荣庭社区志愿服务发展现状

佳和荣庭社区积极探索社区志愿服务的新路子,以"荣庭六法"提升治理,以"千人志愿服务"赋能组织,以特色项目温暖人心,先后获评"全国示范性老年友好型社区""天津市垃圾分类精品示范社区"等10余项荣誉称号。

(一)"荣庭六法"特色工作模式初步成型

佳和荣庭社区是天津市西青区赤龙南街的大型公租房社区,截至2024年9月,常住居民2053户3630人,居民大多为市内六区生活贫困、购房困难群体,人口结构突出体现为人户分离多、老年人口多、残障人士多、综治纳管多及固定收入少的"四多一少"特征,社区居民构成多元化、需求多样化。为规避基层社会风险,社区总结提炼"荣庭六法",提升志愿服务水平。一是坚持以党建引领,筑牢红色堡垒;二是培育微暖联络人,让老年人互助有"门";三是打造红色工坊,让老年人创收有"道";四是组建银发志愿队,让老年人服务有"招";五是召开晨夕畅谈会,让老年人发声有"窗";六是打造荣康医养综合体,让老年人医养有"方"。通过以上六个方面的实践,深入对接居民需求,切实解决居民反映出的各类问题,有效提升了志愿服务的组织能力、服务质量和居民满意

① 田丰:《新时代志愿服务健康有序发展的政策指引和工作指南》,《中国青年报》2024年5月12日,第3版。

度。截至2024年9月,“畅谈会”总计召开300余场次,参会人数超5200人次;12345为民服务热线、社区110警情连续下降,为社区的和谐发展提供了有力支撑。“荣庭六法”工作模式获评2023年度天津市基层治理创新典型案例。

(二)志愿服务队伍管理机制不断完善

志愿服务队伍是志愿服务的核心载体。截至2024年9月,佳和荣庭社区60岁以上老年群体1170人,占常住人口32.23%;社区失独家庭11户、空巢家庭272户、低保家庭188户,独居老人345人、残障人士333人、各类失能半失能184人,需要特别关注的四失五类人群总计1205人,占常住人口33.20%。佳和荣庭社区整体呈现“三人行必有一老,三人行必有一困”的特点。佳和荣庭社区立足社区的“先老属性”,大力发掘与组建银发志愿服务队。近年来,随着志愿服务队伍的不断壮大,社区持续完善志愿服务管理机制,制定了积分管理办法、推优评优制度等,编印《志愿者九章》《公租房志愿服务工作指南》等管理制度。银发互助志愿队在志愿者平台注册志愿者人数1025人,占常住人口28.24%;活跃志愿者人数759人,占注册志愿者74%;老年活跃志愿者493人,占活跃志愿者65%。社区实现了“四人行必有一志愿者”,银发互助志愿队已成为社区治理力量的有效补充。社区党组织立足完善志愿服务制度和工作体系建设,发挥典型作用,推动全社区见贤思齐、争做先锋。

(三)志愿服务项目进一步丰富

佳和荣庭社区党组织结合实际情况,不断创新方式方法,紧密围绕人民群众日常生活需要,打造一批有温度、有热度、有广度的志愿服务项目。佳和荣庭社区实施开展“抱团养老　幸福荣康”社区党支部书记项目和20余个社区服务群众项目,围绕打造“暖心驿站”、重塑“熟人社会”、建强志愿服务队伍等多个主题,全面拓宽社区志愿服务面。已经形成包括“日常串门队”“苏伯伯合和社”“王大爷维修社”“仨伯伯磨刀社”等10余个热门为民服务品牌项目。在社区,扦裤边、补衣服是免费的,磨剪子戗菜刀是免费的,爱心理发、爱心家政只要达到帮助的标准也是免费的。[①] 社区通过高质量志愿服务切实提升了居民的幸福感、获得感、安全感。“抱团养老　幸福荣康”公租房社区特色为老志愿服务项目获得天津市文明实践志愿服务项目大赛银奖。[②]

二　佳和荣庭社区“社工＋志愿者”志愿服务发展实践

佳和荣庭社区致力于通过专业社工与志愿者的协同，为社区居民提供更加优质、贴心的服务，积极构建志愿服务运行的长效机制，探索“社工＋志愿者”志愿服务实践。

（一）强化阵地建设，带动“社工＋志愿者”联动参与

佳和荣庭社区积极融合“社工＋志愿者”元素，将社区党群服务中心作为发展阵地，不断延伸社区服务半径。一是细化志愿服务组织架构。佳和荣庭社区为大型公租房社区，居民对社区的认同感较低。为改善现状，社区将治理触角延伸至“网格内、楼门中、楼层里”，以网格员带动，挖掘发动志愿者；以楼门为单位，建立“报警员、宣传员、审核员、协调员、服务员”五大角色；设置“层长责任区”；明确“安全稳定应急巡查及报告、居民宣传和组织动员、数据信息核实和诉求收集、特殊人群关怀照顾”四大职能；发挥志愿者优势，走百家入百户，听民声解民愁，做党组织的“传声筒”、做居民群众的“代言人”。二是优化沟通协商阵地。为提升志愿服务精准度，通过“晨夕畅谈会”“楼门议事角”“你说我动”“电话打 call”等形式，收集群众诉求，研究志愿服务方式，协商解决办法。尤其是针对社区老年人、残疾人等特殊群体的行动不便、渠道不畅等问题，采取多种多样、灵活多变的方式，将“畅谈会”选择在楼门口、树荫下、居

---

① 《西青区优秀志愿服务项目——“抱团养老　幸福荣康”公租房社区特色为老志愿服务项目》，天津西青文明网，http://tj.wenming.cn/xqwmw/zyfw/202311/t20231130_6705709.html，最后检索时间：2024 年 9 月 18 日。

② 《2023 年天津市文明实践志愿服务项目大赛获奖名单公布》，天津文明网，http://wenming.enorth.com.cn/system/2023/12/15/054828399.shtml，最后检索时间：2024 年 9 月 18 日。

民家中,充分保证社区老年人、特殊群体的参与度。三是搭建邻里互助平台。由社区党组织牵头,积极挖掘“邻里互助志愿者”,制定“三五互助·五方包联”为民服务制度。“三五互助”即将社区 60 岁以上独居老人按照 3—5 人进行分组,成立“三五互助小组”,每组明确一位“微暖”联络人,每周至少开展一次座谈会;“五方包联”即党员、在队志愿者、有条件的生活困难群体、参与社区创收的人群、社区社会团体,这五方群体都要 24 小时包保社区困难户,由此充分调动社区居民参与志愿服务活动、充分沟通了解社区困难群众的日常生活情况。

(二)链接社会资源,丰富“社工+志愿者”服务项目

为了让社区治理更有广度、更有深度,佳和荣庭社区引导社会力量参与,为“社工+志愿者”联动模式顺利推进打下良好基础。一是聚力打造社区服务项目。每年为民服务经费不少于 2 万元用于志愿者培育发展,通过政府购买形式引入专业社会组织,以项目化形式开展服务群众活动,指导社区在居民的“急难愁盼”中选择好项目、实施好项目。二是聚焦困难群体关爱帮扶。积极链接社会资源,成立“夕阳红工坊”,开设“假花制作”“华服点珠”“荣康针织”三个项目,累计带动 300 余人参加创收,其中志愿者与困难户占比超过 70%,为居民增收超过 25 万元。持续推动志愿服务助力“社区基金”建设,已形成象征社工“智慧”与“勤奋”的“牛大、牛二”系列专利产品,充盈社区基金,提供资金保障。通过帮扶社区困难群众,增强其对社区的认同感和归属感,进而将其发展成社区治理的支持者和参与者,为不断完善社区共建共治共享的格局助力。三是撬动社区社会组织资源。在原有志愿服务队伍的基础上,社区成立“社区社会组织服务社”,编印《佳和荣庭社区社会组织服务指南》。另外,社区成立“商铺互查社”“环境美化社”“晚风合唱社”等 35 个社团,实施分级分类管理,累计开展各类志愿服务 5000 余场,服务群众 2 万余人次。四是联结慈善组织共建。社区响应天津市和平社区公益基金会社区基金传递温情项目号召,开展“荣益捐”慈善为老活动,完善社区捐款体系,设置常态捐款点,线上扫码捐、线下投箱捐,让爱心人士可以随时为社区为老服务事业贡献自己的力

量。社区与天津市西青区妙妙公益服务中心、天津市西青区宁德社区建设促进中心、天津点亮公益服务中心等多方慈善组织共驻共建，近一年开展20余次共建活动，共建单位已累计为居民发放礼品超过1000份。

（三）健全制度管理，赋能“社工+志愿者”队伍建设

佳和荣庭社区从巩固社区共同体意识入手，充分调动社区工作者、志愿者等多元队伍的主动性和积极性，构建良性互动、共同参与的“社工+志愿者”服务体系。一是提质赋能完善社区工作者队伍。积极落实日常教育培训，打造“心中有党、心中有民、心中有梦、心中有家、心中有戒”的“五有”骨干队伍；内部明确社工工作“十二项意识”；对外落实“社区三务”，推动社区工作者向社会工作者转变。二是红色引领发动党员志愿者力量。以基层党建推动社区治理，挖掘动员社区报到党员、骨干力量加入社区党员志愿者队伍，推出“荣庭·四叩”“党员积分”“志愿者积分”系列活动，让其成为社区治理重难点的“探路者”“先行者”，激活社区“红色细胞”。三是有章可循夯实社区志愿者体系。编印制度性文件，建立健全激励机制，将所有活跃志愿者纳入规范管理，社区志愿服务有章可循，激发志愿者的服务热情。四是推动社区工作者与志愿者“结对认亲”。引导志愿者积极参与服务，鼓励发挥自身特长，打造环境巡逻、关怀串门、“针”情裁缝、安全查楼、扶老助困等14个志愿服务项目，带动57支志愿服务团队开展志愿服务。① 其中，“银发”志愿队低龄老人服务高龄老人的互助养老模式备受居民称赞。

三　佳和荣庭社区“社工+志愿者”志愿服务面临的挑战

佳和荣庭社区在推进“社工+志愿者”志愿服务发展上做了一些实践探索，并取得了一些成效。但此模式尚处于发展初期，在实际运行过程中，仍面

① 《西青区佳和荣庭社区有一支“十人志愿服务队”：银发互助　情暖社区》，北方网，http://news.enorth.com.cn/system/2024/05/11/056253665.shtml，最后检索时间：2024年9月8日。

临着诸多挑战。

（一）联动工作体系有待完善

“社工＋志愿者”联动机制是以社区为核心、社会组织为桥梁、社会工作者为支撑、社区志愿者为辅助、社区公益慈善资源为驱动的“五社联动”机制的重要组成部分，对于提升社区服务水平、满足居民需求具有关键作用。[①] 在佳和荣庭社区的实际工作中，存在社工和志愿者之间关系复杂并且联动工作体系尚不完善的情况。

一是社区社工与志愿者之间的协同工作体系尚不完善。一方面，社工与志愿者在服务过程中缺乏有效的沟通与协作，优势与特长不能互补，易导致服务效果不尽如人意，造成“联而不动”的局面。另一方面，社区、社工、志愿者三者之间的协同作用未能充分发挥，缺乏专业管理人员，志愿者信息收集掌握不全面，难以保持“联而恒动”。二是社区社工与志愿者的职责分工尚不明确。一方面，志愿服务组织框架尚不完整，部分项目人员分配出现重复或遗漏，降低了工作效率，影响了服务质量。另一方面，项目开展多以社工为主导，二者具体工作职责界限模糊，志愿者在服务过程中难以找到适合自己的定位，长此以往会导致志愿者参与热情降低。三是社区反馈意见及回访机制尚不健全。一方面，从需求调研、项目策划、资源配置、实施评价到反馈改进的全过程管理链条尚未形成，导致各环节衔接不畅，影响了服务效率。另一方面，对于活动过程中出现的问题和居民反馈的意见，缺乏及时有效的收集处理机制，这使得服务过程中出现的问题难以得到及时解决，不利于服务提升。

（二）组织和管理效能有待提升

组织管理效能是指组织在实现其目标和使命过程中，对内外部资源进行有效配置和使用的能力，它关系到服务的可持续性和有效性。社区志愿服务需要精准化的组织和协调过程，佳和荣庭社区在志愿服务发展过程中，已经形

① 《大力推进“社工＋志愿者”协同发展》，《社会与公益》2024 年第 6 期。

成了基础工作架构，但在组织管理的职责上仍有提升空间。

一是队伍专业化程度不高。社区社工专业知识水平不全面，志愿者年龄普遍较大，缺少系统性的理论学习和技能提升，组成的"社工+志愿者"服务组合对意外事件的应变能力较弱，难以满足居民多样化、个性化的需求。二是参与意识有待提高。参与志愿服务活动是一种自愿行为，尽管现行的志愿服务模式得到了一定认可，但居民的总体参与度仍有待提高，公租房社区居民归属感不强，特别是年轻居民和上班族参与意识较弱。在服务的过程中还出现志愿者队伍稳定性差、服务缺乏长期性和常态化等问题，这些将不利于志愿服务队伍向专业化、稳定化、制度化的方向发展。三是社会资源整合、利用及管理有待加强。社区缺乏对包括人力、物力、财力等在内的现有内外资源全面的梳理和分类，导致社工和志愿者难以获取全面、准确的资源信息，影响了资源的合理利用。对提供资源支持的个人或组织缺乏有效的激励措施，影响了资源的持续供给。由于缺乏有效的资源管理机制，部分资源未能得到充分利用，影响了服务效率和效果。

（三）服务项目开发有待深化

志愿服务项目的策划与实施，是"社工+志愿者"提升志愿服务水平的直接体现。近年来佳和荣庭社区志愿服务项目在数量上发展较快，但在质量、效果和创新性上还有短板。

一是志愿服务内容不够丰富。目前的志愿服务项目多局限在日常生活类等传统服务内容，缺乏创新性，难以满足居民对医疗、文体娱乐等方面的多元化需求。存在部分"快餐"化和"打包"性服务，缺乏长效化和个性化服务。项目内容和形式缺乏吸引力，难以激发居民的参与热情，也会导致居民对服务项目的参与度不高。二是对服务项目的宣传力度不够。居民对项目内容和参与方式的了解不足，影响居民的参与意愿和项目的推广度。宣传不足可能导致居民对社区归属感减弱，还可能导致服务项目在社会上的影响力有限，无法吸引更多外部资源和支持。三是服务模式长期性难以保证。目前面向居民的志愿服务，多是以项目为主开展的，这就会出现"项目在，服务在，人就在；项目停,服务停,人就散”的问题。

四　推动“社工+志愿者”志愿服务发展的对策建议

推动“社工+志愿者”志愿服务发展是提升社区治理水平,推进社区高质量发展的重要路径,通过分析佳和荣庭社区“社工+志愿者”志愿服务发展的经验和需要突破的挑战,建议“社工+志愿者”志愿服务发展在以下三个方面着力。

(一)进一步强化“社工+志愿者”联动工作体系建设

进一步明确社工和志愿者在服务项目中的角色定位和职责分工。社工以专业知识和经验为社区提供专业稳定的服务,志愿者则通过形式多样的志愿服务活动为社区注入活力,确保双方都能充分发挥自身优势,共同推动社区工作的开展。社区要为社工和志愿者搭建有效的沟通平台,确保社工和志愿者之间的信息畅通,及时解决服务过程中出现的问题。举办团队建设活动,增强社工和志愿者的团队协作能力与组织凝聚力。建立健全志愿者登记、管理、激励机制,应用志愿服务信息系统,完善评优推优制度,推行积分管理办法,做实荣誉表彰、积分兑换等奖励措施,激发志愿者参与服务的热情和积极性。根据服务项目需求,制定详细的工作计划、分工和流程,形成标准化的操作规范,确保服务活动的有序开展。对服务项目进行定期监督和评估,总结服务经验,提炼成功做法,形成工作闭环,不断提升服务水平。

(二)进一步提升“社工+志愿者”组织管理效能

完善组织结构,确保职责清晰,形成有效的、稳定的组织管理体系。社工要充分调动志愿者参与服务的积极性,指导志愿者了解社区需求,助力志愿者行为规范化,提高活动质量。志愿者则补充和支持社工工作,共同推动社区健康发展。社区要不断推动网格化管理模式建设,明确各级各层人员职责,健全完善居民自治、民主协商、社团带动、全员参与机制。在社工、志愿者中挖掘骨干成员，结合社区实际情况，为社工和志愿者开展经验分享。针对志愿服务短板，组织开展专业培训，提升社工和志愿者的服务技能和综合素质。积极向外延伸，广泛链接社会资源，加强社区社会组织与基金会、慈善组织等公益资源合作，为志愿服务提供充足的资源保障。同时，建立资源共享平台，实现志愿服务资源的优化配置，提高资源利用效率。

（三）进一步深化“社工＋志愿者”志愿服务项目开发

加强需求调研，精准把握居民需求，有的放矢地组织和开展服务。通过问卷调查、访谈等方式，深入了解社区居民的需求，为服务项目的调整和拓展提供依据。针对服务对象的需求变化，制定服务计划，确保服务项目的实效性和长期性。与其他社区社会组织、企业、学校等开展合作，扩大志愿服务项目的覆盖面。结合社区特点和志愿者特长，创新服务项目，如开展特色文化活动、助老助残服务、环保教育活动、健康讲座等。争取更多居民参与社区治理、志愿服务，达到既能满足居民尽己所能为他人服务的奉献精神需求，也能为居民提供多样化、个性化、有针对性的服务的目标。通过社交媒体、社区公告、宣传栏、社区活动等多种渠道广泛传播服务项目信息，提高居民的认知度和参与度。

参考文献：

［1］钟会兵主编、李培志执行主编：《天津志愿服务发展报告（2023）》，天津社会科学院出版社，2023。

［2］许宝君：《社区志愿服务常态化及其逻辑——基于L区的案例分析》，《探索》2024年第3期。

［3］周京：《“社工＋志愿者”联动机制建设的思考与对策——基于基层社会治理创新视角》，《中国社会工作》2018年第13期。

案例报告

周恩来邓颖超纪念馆志愿服务实践

陈　倩　周恩来邓颖超纪念馆助理馆员
马　艳　周恩来邓颖超纪念馆助理馆员
王丽娇　周恩来邓颖超纪念馆助理馆员

摘　要： 周恩来邓颖超纪念馆志愿服务团队秉承"奉献、友爱、互助、进步"的志愿精神，不断壮大志愿服务队伍、规范志愿服务管理、加强志愿服务培训，开展了丰富多彩的志愿服务活动，为讲好伟人故事、弘扬伟人精神贡献了力量、发挥了作用。周恩来邓颖超纪念馆志愿服务团队在实践中也面临着管理机制尚需完善、志愿者专业性有待提升、志愿者主动性有待增强、志愿服务队伍不稳定、资金保障不充足等挑战。在未来发展中，周恩来邓颖超纪念馆志愿服务团队还需要探索管理新策略、优化志愿服务配置等举措持续推动志愿服务高质量发展。

关键词： 志愿服务　纪念馆　红色文化

文中部分组织名称按学术惯例进行了匿名化处理。

1998 年 2 月 28 日,正值周恩来百年诞辰之际,周恩来邓颖超纪念馆正式开馆,全面展示周恩来和邓颖超全心全意为人民服务的一生。周恩来邓颖超纪念馆是国家一级博物馆、全国爱国主义教育示范基地、全国廉政教育基地、国家 AAAA 级旅游景区。周恩来邓颖超纪念馆志愿服务团队成立于建馆之初,26 年来立足纪念馆自身红色资源优势,以“四心”(诚心、细心、尽心、耐心)和“四个一”(一张笑脸、一句问候、一片真情、一程服务)为服务标准,在志愿讲解、观众疏导、活动执行等多个岗位上,用实际行动践行着“奉献、友爱、互助、进步”的志愿精神,不断深化红色文化志愿服务事业发展。

一　周恩来邓颖超纪念馆志愿服务队伍建设

(一)志愿服务队伍规模不断壮大

周恩来和邓颖超为共同的革命理想并肩奋斗,他们以自己伟大的人格魅力赢得了全中国人民以及各国友人的热爱与崇敬。1996 年当周恩来邓颖超纪念馆建馆的消息向社会公布后,热心的人民群众、社会团体纷纷前来参加义务劳动。1998 年开馆后,许多群众怀着对周恩来和邓颖超两位伟人的真挚情感前往纪念馆参与志愿服务工作,纪念馆志愿服务团队由此建立。26 年来,纪念馆志愿服务团队一直以周恩来和邓颖超的崇高精神为指引,致力于讲好伟人故事,传承好伟人精神,提升公众教育与服务品质。

周恩来邓颖超纪念馆志愿服务团队不断发展壮大,目前已发展成为集老、中、青、少的优秀志愿服务队伍。多年来,纪念馆志愿服务团队先后荣获“天津市优秀志愿服务团队”、“天津市优秀志愿服务项目”、“天津市优秀 V 志愿服务站”、全国学雷锋志愿服务“四个 100”最佳志愿服务项目、“第六届青年志愿服务项目大赛银奖”等荣誉称号。

为更好调动纪念馆志愿服务团队的积极性和参与性,在 2024 年 5 月 18 日国际博物馆日到来之际,“周恩来邓颖超纪念馆志愿服务团队”更名为“海棠红志愿服务队”。同时,还成立了“海棠果青少年志愿服务队”以及“星火志愿宣讲团”。2024 年 7 月,纪念馆志愿服务团队面向社会招募 18 岁至 65 岁志愿者 31 人,涵盖学生、企业高管、医疗、教科、新媒体、离退休人员等各行各业人士,纪念馆志愿服务队伍得到充实和丰富。截至 2024 年 9 月,纪念馆志愿服务团队在岗服务志愿者 150 人。

(二)志愿服务队伍管理日益规范

为使志愿服务工作更加规范有序,周恩来邓颖超纪念馆先后制定了《周恩来邓颖超纪念馆志愿服务章程》《周恩来邓颖超纪念馆志愿服务公约》,通过完善志愿者招募制度、服务要求和职责分工,加强对志愿服务的组织管理。每一位志愿者都经过严格筛选后方能进入周恩来邓颖超纪念馆志愿服务团队,其中就要求志愿者热爱文博事业、热心公益,具有团队合作意识和奉献精神。而周恩来邓颖超纪念馆因其政治性强的特点,在选拔志愿者的过程中更加注重志愿者的文化修养和个人品质。对于招募和选拔志愿者,纪念馆采取以下做法。

第一,通过多种方式招募志愿者。每个新学年,纪念馆与各个学校取得联系,宣传并实施志愿者的招募工作,并在周恩来邓颖超纪念馆官方网站上开辟了志愿者专栏,面向社会公开招募。同时,通过微信公众号发布招募信息,方便有意愿从事志愿工作的公众获得招募信息。

第二,对志愿者招募条件进行明文规定。志愿者的招募工作由专人负责,对有意愿的报名者,需要向本人逐条核对招募条件、了解志愿者管理的各项规章制度后,才能填写报名表格,报名表经过纪念馆工作人员审核后方能进行面试。

第三,提供多样化的志愿服务岗位。志愿服务岗位分为观众预约咨询、志愿讲解、活动执行、疏导观众等岗位,报名者可按照自己的实际情况选择岗位,考核合格者方能被聘用上岗。对于未能被应聘岗位聘用的志愿者,可与其协商分配到其他适合的岗位,这样为有意从事志愿工作的公众提供了更多的机会。

第四,面试采用自我介绍和座谈分享相结合的方式。在这个过程中对报名者进行表达能力、言行举止和特长爱好的考察，合格者会被吸纳为纪念馆的志愿者，反之则将淘汰。

成功入选后，周恩来邓颖超纪念馆与志愿者签订《周恩来邓颖超纪念馆志愿服务公约》，会为每一位志愿者建立志愿服务资料档案，及时掌握其日后参与的志愿服务情况，并随时进行完善、动态管理。

（三）志愿服务队伍服务能力逐步提升

志愿者来自不同的领域，他们大多对纪念馆的工作不甚了解。为建设一支专业水平高、富有志愿精神的志愿服务团队，周恩来邓颖超纪念馆充分发挥自身资源优势，用以老带新传帮带、经验交流等方法，围绕志愿服务基础素质、周恩来邓颖超生平事迹、志愿服务岗位职责等培训内容，通过授课、观摩、试讲、考核等多种方式增强服务意识和专业素养。

周恩来邓颖超纪念馆重视通过馆际交流、参加赛事等形式提高志愿者能力。纪念馆先后组织志愿者赴天津觉悟社纪念馆、元明清天妃宫遗址博物馆参观交流，通过与其他博物馆、纪念馆之间相互学习借鉴，取长补短、开阔视野，激发志愿者们积极参与的兴趣，从而更好地提升志愿服务水平。纪念馆多次组织志愿者参加全国红色故事讲解员大赛，通过比赛，志愿者们不仅可以观摩到其他博物馆、纪念馆的志愿讲解情况，还能聆听到专业评委现场的精彩点评，以赛促练、以赛代学，受益匪浅。

二　周恩来邓颖超纪念馆志愿服务主要内容

（一）以纪念馆为阵地讲解传承伟人精神

周恩来邓颖超纪念馆志愿服务团队的志愿讲解员以纪念馆展览为主体，以周恩来邓颖超生平事迹为主线，向观众讲述周恩来邓颖超为国为民鞠躬尽瘁的一生。志愿讲解员不仅要熟练背诵大量的史实资料，还要将这些内容融会贯通，通过娓娓道来地讲述，生动展现在观众面前，这些无不考验着志愿讲解员的记忆力和表达能力。观众多时,志愿讲解员几乎不间断地为一批又一批的观众提供志愿讲解服务。每年志愿讲解员都要为观众讲解上千场,以自己的志愿服务践行着伟人精神。经过日复一日的磨炼,志愿讲解员的讲解接待水平有了质的飞跃,在各大舞台上展现了伟人纪念馆志愿者的风采。2019年,由中共中央宣传部、文化和旅游部联合举办第二届全国红色故事讲解员大赛,纪念馆积极选派志愿讲解员参加比赛。志愿讲解员以《精神为镜 细照笃行》为题,讲述了周恩来在南开中学时期注重仪容仪表的养成,终其一生都始终保持着表里如一的形象和气质,他的风范和精神就像一面铜镜,至今依然让后人以他为榜样,修正自己的仪表、行为。志愿讲解员的精彩讲述赢得评委老师一致好评,最终荣获第二届全国红色故事讲解员大赛优秀志愿讲解员荣誉称号。志愿讲解员代表还先后荣获“中国故事——全国博物馆优秀讲解案例展示推介活动”学生组“十佳”优秀讲解员、“讲好天津故事,助力高品质文化生活”天津市“十佳文博讲解工作者”等荣誉称号。

(二)以纪念馆为阵地开展活动传播红色文化

纪念馆志愿服务活动日渐丰富多样。志愿服务团队成立之初,每年组织活动20余次,近几年每年组织活动多达80余次。每逢五四青年节、国际博物馆日、国庆节等重要纪念日,纪念馆志愿者都会走进纪念馆开展特色志愿服务。纪念馆还会邀请其他志愿服务团队一起参与特色志愿服务活动,例如和平区朝阳里社区志愿服务团队、TLZS文化志愿服务总队多次走进纪念馆。2024年2月4日,在邓颖超诞辰120周年之际,纪念馆举办“致敬·缅怀——纪念邓颖超诞辰120周年”活动,和平区朝阳里社区志愿服务团队受邀走进纪念馆参与此次活动,该团队为到场观众朗诵邓颖超生前最喜爱的一首诗歌——《春天的后面不是秋》。纪念馆志愿者通过参与制作海报、拍照摄影、活动执行、编辑通讯报道、主持活动等形式,为纪念馆举办的各项活动提供多样化的志愿服务。2024年8月8日是周恩来邓颖超结婚99周年纪念日,纪念馆举办“伉俪情深 风范永存”——周恩来邓颖超结婚99周年主题活动,纪念馆志愿讲解员主持了此次大型活动,在志愿服务实践中感悟伟人精神风范。

（三）以“走出去”模式宣讲伟人精神

周恩来邓颖超纪念馆志愿服务团队以“走出去”模式，全力打造极具特色的志愿服务项目。志愿服务团队先后设计了“致敬楷模　做新时代的好少年”“榜样在我心　践行价值观”“共产党人的杰出楷模——周恩来”等课程，团队进社区、进院校开展宣讲。志愿服务团队走进天津师范大学、南开中学、川府里小学等院校进行宣讲，用感人的故事和生动的讲解再现了周恩来邓颖超为国为民鞠躬尽瘁的一生，将其中蕴含的强大精神力量内化于心、外化于行，让红色的种子在更多人的心中生根发芽、开花结果。纪念馆专业讲解员与志愿服务团队还一同走进养老院慰问老人，志愿者们为老人献上自弹自唱的歌曲、优美的民族舞及拉丁舞，为老人讲述周恩来艰苦朴素的故事。特色志愿服务活动既弘扬了伟人精神，又传承了中华民族尊老爱老的传统美德。

三　周恩来邓颖超纪念馆志愿服务发展面临的挑战

经过 26 年的实践，周恩来邓颖超纪念馆志愿服务团队在志愿讲解、特色品牌活动等方面获得了一定成效。新时代将面临许多新要求及新需求，团队还面临多方面的挑战。

（一）志愿服务团队管理机制尚需完善

志愿服务团队管理人员有限，管理工作难以落实落细。目前志愿服务团队由纪念馆工作人员管理，但管理人员人数较少，管理团队存在工作对接不及时、分工不明确等问题，影响服务效率。此外，志愿服务团队内部缺乏自主管理，志愿者之间缺少沟通交流，整个志愿服务团队的凝聚力有待进一步提升。纪念馆监督机制有一定缺失，未建立有效的监督机制，对志愿者的服务过程和服务质量缺乏监督和反馈，难以及时发现和纠正问题。

(二)志愿者专业性有待提升

近年来,纪念馆志愿服务团队吸纳了来自服务、行政、新媒体等多个领域的社会志愿者,为纪念馆的志愿服务工作注入了新的活力。然而,在志愿服务过程中,部分志愿者由于专业背景、经验不足等原因,可能会出现不尽如人意的情况。第一,专业知识匮乏。部分志愿者对纪念馆的历史、文化、展品等相关知识了解不够深入,导致在解答观众问题时出现错误或模糊不清的情况。例如,在介绍文物时,可能无法准确阐述其历史背景及文物背后的故事。第二,沟通技巧欠缺。有效的沟通是志愿服务中不可或缺的一环。然而,部分志愿者有时缺乏良好的沟通技巧,如不善于表达、表达不清晰、缺乏耐心倾听等,这些都可能影响与观众的交流效果,甚至引起误解或不满。第三,缺乏应变能力。在志愿服务过程中,可能会遇到各种突发情况,如观众突感身体不适、紧急疏散等,部分志愿者由于缺乏经验,无法迅速做出正确的判断和应对,导致事态扩大或处理不当。

(三)志愿者主动性有待增强

志愿者在岗位上时,往往等待工作人员或团队领导明确指示后才行动,缺乏自主判断和主动服务的意识。在与观众互动时,志愿者表现出一种被动的态度,如只有当被询问时才回答问题,不会主动提供额外信息或帮助。志愿者对自己的志愿服务目标不明确,缺乏强烈的内在动机,可能只是出于好奇、无聊或社交目的参与志愿服务,缺乏持续的动力去主动服务。志愿者对纪念馆的文化、历史、展品以及服务流程等了解得不够深入,导致在服务过程中缺乏自信,从而降低了主动服务的意愿。在志愿服务过程中,志愿者不会积极寻求改进服务的方法或提出新的活动建议。

(四)志愿服务队伍不稳定

周恩来邓颖超纪念馆志愿服务团队有大中小学生和社会志愿者,其中大中小学是志愿服务团队的主力军,占志愿者总数的90%,在开展各项活动中发挥主要作用。但是受寒暑假、升学就业等影响，学生或是离开天津，或是另有安排，难以保证持续参与志愿服务活动。志愿者流动性大、人才队伍难以形成常态化服务。有些志愿服务岗位内容单一，缺少创新性。志愿服务团队在周恩来邓颖超纪念馆主要的工作内容有讲解接待、疏导观众、活动执行等。这些工作有的不需要太多专业知识，有些工作内容重复性强，有较强专业技能的志愿者在开展相关工作时，很难将自身所长应用到志愿服务中，日积月累便会对志愿服务失去热情，在没有任何经济报酬的情况下，志愿者的服务热情随时间递减，出现志愿服务队伍人员流失的问题。

（五）志愿服务活动经费保障不足

周恩来邓颖超纪念馆志愿服务团队活动经费主要依靠纪念馆资金支持。然而，志愿服务团队的日常管理、人员培训、激励奖励，以及志愿服务活动的策划与执行等都需要一定的资金支持。由于经费不足，部分志愿服务活动难以常态化进行，一些大型志愿服务项目也无法正常开展。

四　促进周恩来邓颖超纪念馆志愿服务深入发展的对策建议

（一）规范志愿服务团队管理机制

实行纪念馆和志愿服务团队共同管理模式，由纪念馆工作人员参与管理把握方向，同时从长期的优秀志愿者中挑选出负责人提高工作效率。定期组织志愿服务岗位专业技能培训，邀请各领域专业人员为志愿服务团队开展培训、经验分享会，如讲授讲解技巧、活动视频的后期制作等内容，通过学练结合、业务分享等方式提高志愿者的服务意识，提升志愿服务团队专业水平。完善服务标准，对志愿者定期进行服务质量监督和评估。丰富奖励方式。在原有的证书表彰基础上增加对志愿者的奖励，比如提供实习机会，激发志愿者的积极性和创造力。重视优秀志愿者参与国家级、省市级评选及比赛等活动，激发志愿者的荣誉感和使命感,树立志愿服务标杆。在志愿服务团队内部开展服务竞赛、技能比拼等活动,促进志愿者之间的交流和学习,提升整体服务水平。此外,也可利用物质奖励来激励志愿者积极参与活动。

(二)改善志愿服务队伍结构

加大社会志愿者招募力度,吸收各行各业人才加入志愿服务团队,优化志愿服务团队人才结构。拓宽招募渠道,利用社交媒体、高校合作、社区动员等多种方式吸引不同年龄、职业背景和专业技能的志愿者。特别关注专业人士、退休人员等不同群体的加入,以丰富团队的人才结构。实施“导师—学员”制度,邀请经验丰富的志愿者指导新成员,促进知识传递和技能提升。打破招募时间局限,让符合条件的申请者随时都能够加入志愿服务团队。积极与社会各个领域志愿服务团队建立更加密切的联系,与其他志愿服务组织、政府机构、企业等建立合作关系,共同开展志愿服务项目。通过资源共享、经验交流等方式,提升团队的服务能力和影响力。探索跨界合作新模式,如“互联网+志愿服务”,利用科技手段提高服务效率和质量。持续优化团队管理和运行机制,确保志愿服务活动的长效发展。

(三)拓展经费来源

志愿服务活动经费是志愿服务团队可持续发展的关键内容。纪念馆积极向政府部门申请专项资金,用于支持志愿服务项目的开展。纪念馆要充分挖掘自身资源,打造特色志愿服务项目,吸引社会赞助,为志愿服务项目的开展提供强有力的资金保障。此外,建议相关部门建立志愿服务专项资金,用以保障志愿服务项目的运转。

(四)创新志愿服务项目

打造特色志愿服务品牌,结合纪念馆的实际情况和志愿服务需求,策划和实施特色突出的志愿服务项目,如“红色文化进校园”“革命文物讲解”等,为志愿者提供实践平台,充分发挥志愿者的主观能动性,增强志愿者责任感与主人翁意识。创新志愿服务模式，如开展“一对一”讲解服务、定制化参观服务等，满足不同观众的需求。开展历史场景重现活动，在纪念馆内组织抗战时期的生活场景重现，志愿者扮演当时的人物，让观众直观地感受历史氛围。利用社交媒体平台开展线上导览服务，志愿者通过直播形式带领观众“云参观”纪念馆，介绍展览和文物背后的故事。主题宣讲活动，围绕特定的主题，如“不忘初心、牢记使命”“传承红色基因、弘扬伟人精神”等，定期组织志愿者进行宣讲和讨论，引导观众深入思考和学习。开展红色文化研学活动，让志愿者带领观众参观纪念馆、走访红色遗址等，深入了解革命历史和文化。与社区合作，组织社区居民到纪念馆参观，并提供专门的志愿服务项目，如针对社区老年人开展记忆分享活动，让他们讲述自己与纪念馆所展示的历史时期相关的故事。

河东区青年志愿服务实践

刘天阳　共青团河东区委员会副书记

摘　要：近年来，河东区积极践行“奉献、友爱、互助、进步”的志愿精神，以深度融入基层治理、提升全社会文明、引领青年担当奉献为目标，聚焦提升志愿服务的聚合力、吸引力、生命力、内动力、创新力，不断探索推进青年志愿服务工作向社会化、项目化、常态化、标准化、品牌化发展延伸，以“五化五力”优化完善组织建设和运行机制，着力培育“寸草心”“阳光助残”“东青之声”“东青护航”等多个常态化品牌化的青年志愿服务项目，打造“1+5+N”五化多维的青年志愿服务工作矩阵，在助力基层治理中引领青年以志愿服务实践的方式挺膺担当、展现作为。

关键词：青年志愿服务　志愿服务体系　志愿服务品牌

党的二十大报告在“推进文化自信自强，铸就社会主义文化新辉煌”章节明确指出“要完善志愿服务制度和工作体系”。2024 年 4 月，中共中央办公厅、国务院办公厅印发《关于健全新时代志愿服务体系的意见》（以下简称《意见》），这为共青团以青年志愿服务工作为载体，深度融入基层治理、推进全社会文明程度提升指明了前进方向和工作路径。河东区精心打造“1+5+N”五化多维的青年志愿服务工作矩阵，汇聚青年力量、集聚青年智慧，使青年志愿服务工作成为发展活力强、社会影响广、育人效果好的共青团引领组织服务青年的工作品牌。

一　河东区青年志愿服务发展现状

河东区积极构建“常态招募＋项目动员＋应急预备”的青年志愿服务组织模式，不断优化“信息共享、项目共建、激励保障”的青年志愿服务工作协同联动机制，持续推动青年志愿服务工作向社会化、项目化、常态化、标准化、品牌化发展延伸，有效提升志愿服务的聚合力、吸引力、生命力、内动力、创新力。

（一）社会化组织，积极调动各方力量，让志愿服务实践形成聚合力

以“政府引导＋社会参与”的方式，积极联络发动社会各界力量，组织凝聚有志于从事社会公益与社会保障事业的青年组织和群体联合成立河东区青年志愿者协会，统筹开展全区的青年志愿服务工作，构建以“区级—街道—社区”三级青年志愿服务队伍为基础，充分吸纳在区央企国企、驻区单位、域内高校、科研院所等39家区域化青年工作委员会成员单位的青年志愿服务团队和协会会员单位，发动各行业领域成立青年志愿服务组织，基本形成“3＋16＋X”的志愿服务队伍体系和“常态招募＋项目动员＋应急预备”的组织动员模式。截至2024年11月，共有注册青年志愿者14125人，年度志愿服务总时长超5万小时。

（二）项目化运行，精心打造工作精品，让志愿服务实践展现吸引力

以效果为导向，按照将点状式、分散式的各个志愿服务队伍（项目）进行整合，分类界定服务群体，深入调研分析服务对象的急难愁盼和实际需求，并根据服务队伍（项目）的行业特点和资源力量进行精准匹配，制定实施计划、项目目标，提出可量化可评估的评价指标，推动青年志愿服务工作项目化管理。统筹区内“青年之家”“青年驿站”等团属资源、新时代文明实践站等基层阵地和社会化平台，不断拓展青年志愿服务阵地，实现志愿服务团队与志愿服务基地的“1＋1”有效对接。

(三)常态化服务,持续推动长效服务,让志愿服务实践更具生命力

通过"信息共享、项目共建、激励保障"的协同联动机制,经过摸底整合,将原有的单次的、同质性的近百个青年志愿服务项目优化重组为包含19个子项目的8大类青年志愿服务常态项目,确定每个项目的牵头或轮值青年志愿服务团队或社会组织,不断推进长效化、常态化的青年志愿服务,推动青年志愿服务工作提质扩面。

(四)标准化管理,优化完善队伍建设,让志愿服务实践富有内动力

依托"志愿汇"平台对青年志愿服务团队和青年志愿者的服务管理,加强对信息发布、时长认定、评价反馈等过程化管理和短期保险、证明出具等保障机制,建立区内青年志愿者服务时长换取青年夜校、沙龙联谊等青年活动资格的激励机制;联合社会组织探索青年志愿服务社会组织发展建设标准体系,梳理形成规范化建设"十有"标准和运营管理实操指引。选树优秀青年志愿者(团队)典型,推荐优秀青年志愿者(团队)获评中国青年志愿者优秀个人奖、天津市优秀志愿服务团队20余次,有效激发青年参与志愿服务活动的内生动力。

(五)品牌化发展,选树培育示范项目,让志愿服务实践充满创新力

依托定期集中交流展示、项目大赛以赛代练等方式,不断探索青年志愿服务新模式新渠道新方法,培育孵化"双碳"青苗成长季——电力科普课、"爱心助力折翼天使"送教上门服务、芳水园"彩虹课堂"——家门口的"老年大学"、社区"能人坊"等一批常态化开展的特色创新项目,推荐"蓝色温暖,阳光助残""旭日东升点亮心灯"等志愿服务项目获评全国青年志愿服务大赛金奖等全国级奖项10次,切实打造一批党政所急、社会所需、百姓所想、志愿者可为的示范项目。

二　河东区青年志愿服务的特色亮点

河东区聚焦重点工作和社会需求，围绕养老助残、困难帮扶、群体关爱、医疗健康、应急储备、平安建设等方面，通过调研分析服务定位、拓展整合优质资源、组织推进常态实施、创新优化服务模式，在全区范围内组织开展一系列有亮点、更精准、可持续的青年志愿服务专项行动。

（一）开展“寸草心”青年志愿者助老行动

为积极应对人口老龄化的新形势，2024 年，河东区不断深化“社区青春行动——寸草心”青年志愿者助老行动，在构建养老、孝老、敬老政策体系和社会环境中彰显青年志愿服务作用。

一是统筹谋划聚合力，让助老行动更用心。围绕思想助老、科技助老、文化助老、服务助老、健康助老，在全区共设立 16 个社区青春行动示范社区，构筑以示范社区为前沿阵地、五大助老领域为五个综合志愿服务“圈层”“1 +5 + N”的五维志愿服务矩阵。将着力推进青年志愿者助老行动纳入团区委践行“四个善作善成”重要要求的八项工作举措，联动区委社会工作部、区民政局、公安河东分局、区卫健委、区残联、区教育局等职能部门，推动行动实施更加体系化、项目化。截至 2024 年 9 月，已组织开展包括防诈宣传、法律咨询、安全宣讲、健康义诊、户外采风、助老义剪和便民市集等各类主题活动 260 余场，服务老年人近 3000 人次。

二是队伍体系两手抓，让助老行动更精准。聚焦建好、用好青年志愿服务队，织密助老志愿服务协同网络。联合区青志协将区级青年志愿服务队力量整合，有针对性地为五类“寸草心”志愿服务队设立牵头负责团队，每类队伍中确保各有 5 支以上子队伍进行专业匹配，有效涵盖政务服务、商业服务、生活服务、社会服务等老年人需求的方方面面。广泛吸收青联委员、高校学生、爱心人士、青马学员、“两企三新”领域青年等社会群体加入志愿服务队伍，挖掘动员青年文明号、区内高校、社会组织等与示范社区结对共建，做到青年志愿服务资源合理化分配。

三是品牌项目专业化,让助老行动更持久。结合“青年科学家进校园”“青年夜校”“扬帆计划”大学实习生等共青团品牌项目,整合法律、金融、心理、医疗、非遗文化等各领域资源,组建青年志愿者助老行动资源库,采取“就近就便”“供需匹配”的原则,按照“社区点单—团委配送”的方式,因地制宜开展青年助老志愿服务活动。建立集中志愿服务活动和日常志愿服务相结合的助老志愿服务模式,即至少每两个月开展一次“寸草心爱老助老志愿服务”区级示范集中活动日,邀请“青”字号品牌队伍和区域化团建单位等共同进行主题性志愿服务和展示交流,形成典型项目模式进行推广,不断提升河东区青年助老志愿服务整体水平。

(二)开展青年志愿者助残“阳光行动”

河东区始终将推动残疾人事业发展与弘扬雷锋精神、开展青年志愿服务紧密结合,重点打造“青年志愿者助残阳光行动”工作品牌,通过常态化“结对+接力”“自发性+项目化”的模式,持续为残疾人及其家庭提供帮助。

一是聚焦特殊群体需求,打造工作品牌。以“助残,从身边小事做起”为主题,组织青年志愿者为智力残疾青少年开展为期20天的日间托管课堂,培养智障人士独立生活能力、缓解亲属日常照顾压力;以“化爱为眸”为主题,组织青年志愿者辅助视障人士前往电影院、展览馆、旅游景区等地参观游览,以听电影、说影像、讲展品的方式,用朴素的语言和真挚的感情,让视障朋友在聆听中“观”电影、“赏”展览、“游”景区;联合开展“就业帮扶·同心圆梦”暨助残日专场招聘会和多场创业培训,先后带动150余名残疾人士及其家属实现就业,为残疾人实现就业创业搭建平台。

二是聚焦特殊群体成长,开展关爱帮扶。广泛动员发掘全区各级团组织、区域化共建单位和青联委员中的青年志愿服务力量,将社区青春行动与“青年之家”“红领巾之家”等团的既有工作品牌和团属阵地相结合,常态化进社区开展日常问需、代购采买、学业指导、生活护理等主题助残志愿服务百余次;联合统筹区青联委员、地方驻津商会等各界爱心力量,购买写字台、学习椅、书包文具等改善困难残障青少年的学习条件，募集助困助学金、生活用品等物资解决其生活实际困难。

三是聚焦拓展资源力量，发挥示范效应。主动联系拓展南开大学、天津科技大学、天津音乐学院等高校青年志愿服务资源，结合每年 5 月助残主题，联合开展“化爱为眸”天安门升旗观礼、助力天津市残疾人专场招聘会、服务市残联助残日文艺演出等志愿活动；积极推荐助残工作项目和先进典型，例如“折翼天使 有我陪伴”阳光助残项目获中国青年志愿服务项目大赛银奖，“助残，从身边小事做起”项目入选天津市社会组织公益创投项目；助残自强典型获评“中国青年志愿者优秀个人”“天津青年五四奖章”等荣誉，切实发挥榜样引领作用。

（三）开展“东青之声”青年志愿者文化传承发展宣讲行动

河东区整合青年人才、资源优势，组织成立了包括非遗文化传承、文保文化传承等 6 支各具特色的直沽文化传承宣讲青年志愿服务队伍，深入基层、走向一线，用青言青语讲好“天津故事”“河东故事”，持续推动直沽文化广泛宣传推介和城市传统文化传承发展。

一是坚持拓宽思路，让宣讲主体多样化。整合机关单位、街道社区、青联委员、新兴领域青年中的宣讲力量，采取集中式宣讲、个性化推介、分主题策划等方式，凝聚宣讲合力，深入学校社区、企业单位、商圈园区开展直沽文化主题宣讲近百场，把直沽传统历史文化故事讲生动、讲明白、讲透彻，让直沽文化资源实现活化呈现、活态传承，焕发出新的活力。

二是坚持因地制宜，让宣讲阵地多元化。深挖直沽文化资源，用好河东区的文化遗址、文保场所、红色基地等开展“沉浸式”体验，充分发挥党史长廊、古直沽渡、元明清天妃宫遗址博物馆、“直沽卫歌”军卫文化展等多元化宣讲阵地，以及张氏内刻雕画、老津卫花茶工艺、大桥道食品等非遗技艺和老字号品牌优势，让宣讲形式不局限于“面对面”“课堂式”“讲座式”，让特色阵地“活起来”“亮起来”。

三是坚持创新方法，让宣讲载体丰富化。以微信公众号、社区通、微信群为载体,依托“微座谈”“面对面”“互动吧”“阅分享”等新形式,让传统文化宣讲更贴近现实、贴近百姓,在双向互动中进一步做到“以文化人”。挖掘并邀请市、区新闻媒体从业者及区青联委员中的5名优秀青年代表担任直沽文化青年推介官,通过媒体推介、活动宣传、节目策演等多种渠道开展直沽文化宣讲推介。

(四)开展“东青护航”青少年引领保护志愿服务行动

河东区积极发动团属青年普法宣传教育力量,联合公安河东分局、区法院、区检察院等单位,打造“东青护航”青少年成长引领志愿服务工作品牌,持续深入常态开展青少年普法宣传教育志愿服务。

一是多形式开展普法宣传教育,提升青少年法治意识。结合“宪法宣传周”,组织开展“向电信网络诈骗说‘不’”“070(零欺凌)”等青少年法治宣传教育进校园进社区主题活动,来自政法机关、律所社工等单位组织的青年志愿者重点围绕宪法基础知识、青少年反诈常识以及《未成年人网络保护条例》等方面开展普法宣讲。结合国家安全教育日,组织区检察院、区司法局等单位的青年志愿者,深入中小学、街道社区开展“筑牢国安防线 挺膺青春之姿”“维护国家安全 我们是共产主义接班人”等国家安全主题教育活动,引领青少年争当“保护国家安全小卫士”。结合“民法典宣传月”,组织青年普法志愿者开展“以法之名‘典’亮未来”“与法‘童’行 守护未来”等主题普法活动。结合“国际禁毒日”,联合公安河东分局青年志愿者开展“平安‘警’相随 青春不‘毒’行”“防范药物滥用 护航青春筑梦”等禁毒主题普法志愿服务活动。截至2024年9月,已累计开展各类普法宣讲青年志愿服务活动150余次,累计覆盖青少年超7000人次。

二是多维度推动普法队伍建设,聚合青年志愿力量。用好区内专业力量,成立“青”心护航——青年普法青年志愿服务队,以模拟法庭、参观实践、互动交流等方式,围绕未成年人保护“两法两例”、防诈反诈宣教等主题,广泛开展普法宣传进学校、进社区、进企业、进网络、进家庭活动,截至2024年9月,已累计服务50余场,覆盖1200余人次;成立“青”心护航——青少年心理关怀青年志愿服务队，面向青少年群体广泛开展团体辅导、电话咨询、个案介入等心理关怀服务，2024 年帮助青少年 300 多人次；联动公安河东分局、金融机构等力量，于 2024 年 9 月成立“青”心护航——河东区反诈宣教青年志愿服务队，截至 2024 年 11 月，已组织开展“全民反诈 青年先行”青年志愿者反诈宣传志愿服务 30 余场，通过现场宣讲、发放资料等方式，向青少年群体普及诈骗案件特点、方式以及应对方法，组织引导和教育激励广大青少年成为反诈行动的支持者、传播者和践行者。

三是多渠道推动工作常态长效，着力深化品牌项目。打造青少年自护教育工作品牌，依托“美丽河东青年先行”微信公众号，开设“12355，为青春护航”和“益”心“益”意青少年课堂等专栏，2024 年已累计制作发布自护教育主题信息及视频 23 条，累计观看近万人次。联合公安河东分局、区教育局、区关工委等部门持续发挥“少年警校”实践育人作用，开展“小小警官”警训营、“警彩少年”校园体验等主题活动，量身定制普法宣讲、防卫技巧、装备观摩等学习体验课程。深耕特殊青少年群体工作项目，依托“树贤”未成年人观护基地，组织青年志愿者针对涉案青少年提供社区观护教育、活动参与、课业帮扶、心理辅导等服务。持续推进“东青筑梦”河东共青团关爱帮扶困境青少年服务品牌，聚焦经济困难、残疾残障等特殊青少年群体的需求困难，依托“希望工程”“扮靓家园”“微心愿”等具体项目，组织青年志愿者广泛发动社会各界爱心力量，全年已先后资助青少年 23 名，爱心资金物资折合总计 5.2 万元。

三 河东区青年志愿服务发展面临的挑战

随着社会不断发展和人民需求的日益精细，对照中国式现代化建设特别是基层治理能力现代化的要求，对照《意见》中提出的“到 2035 年，基本形成系统完备、科学规范、协同高效的志愿服务制度和工作体系”的任务要求，河东区青年志愿服务工作还存在着以下问题。

(一)充分调动社会力量的动员激励力度不够

目前,河东区青年志愿者协会团体会员有 89 个,但其中党政机关、央企国企、科研机构、街道社区的组织团队占 80% 以上,对于社会化力量的调动,特别是发挥“两企三新”、社会志愿团体的组织活力、协同联动和资源调动等方面的作用上仍需提升。同时,青年志愿服务的保障激励制度不强,在运行保障特别是资金上还有一定的缺口;在激励机制上目前以荣誉类为主,辅以“青年夜校”体验课程为补充手段,在“志愿服务积分账户”等惠民型激励机制建设上有待完善。

(二)精准服务基层治理的志愿服务供给不足

在具体实践过程中,河东区青年志愿服务团队(项目)在服务基层治理需求上显现出精准度不高、时效性略显滞后甚至“临时组队”开展志愿服务等问题,这些源于对基层治理的难点需求情况把握不准、储备性质志愿服务团队(项目)较少。同时,在与街道社区交流调研过程中,我们也发现,相当一部分基层组织和人群对“寸草心”“阳光助残”等青年志愿服务品牌项目不了解不熟悉,当有相关服务需求的时候缺少直接联系对接项目的渠道。

(三)专业志愿服务骨干的培育培训机制不完善

具备专业技能的志愿服务骨干相对匮乏,实际服务中具备协商议事、需求调研、心理咨询、特殊观护等方面的人才相对紧缺。同时,志愿服务业务技能培训开展频率较低,目前以应对服务对象特点和服务内容进行临时性专题培训,且培训内容以理论为主,结合实际的案例分析、操作方法等实操性培训相对不足;在培训师资上,以相关领域专家学者为主,具有丰富经验的实践型教师资源较少。

四　河东青年志愿服务未来发展的思路

河东区将不断优化“1 +5 + N”五化多维的青年志愿服务工作矩阵，建强组织队伍体系、健全内外循环机制、建优“青”字号志愿服务活动品牌，积极推动青年志愿服务工作向“组织架构有基础、人员落地有方向、平战结合有依据、激励机制有温度”的方向发展完善，以青春热度绘就城市亮丽底色，为推进社会文明向前发展、建设社会主义现代化品质活力区贡献青年力量。

（一）织密组织链条，优化激励机制

强化区青年志愿者协会的组织平台功能，充分发挥其引领、联合、促进志愿服务的重要作用，重点挖掘调动社会组织特别是深度参与基层治理的青年社会组织在瞄准基层需求、组织动员青年、调动整合资源等方面的能力和优势，持续充实拓展青年志愿服务工作力量；加强工作保障力度，积极争取中央专项彩票公益金支持青年社会组织服务社区青少年“伙伴计划”示范项目等政策支持性公益项目在河东区落地实施；将志愿服务深度融入团内奖励荣誉的考核评比条件，把志愿服务骨干特别是青年社会组织人才纳入青年马克思主义者培养体系，积极探索青年志愿服务与社会信用评价相贯通的激励体系。

（二）丰富项目链条，强化品牌宣传

结合社区青春行动，聚焦社区基层治理和公众需求，围绕“思想”“文化”“服务”“健康”“科技”等主题，整合各级各类青年志愿服务专业力量资源，不断充实完善社会需求“清单”、项目“底账”和资源“菜单”，常态化组织青年志愿者深入社区，针对性分类开展集中式、站点式、配送式志愿服务，持续提升项目的常态长效和服务质效。充分用好线上线下融媒体宣传展示渠道，发挥区青年志愿者协会中街道社区、社会组织等团体会员直接联系服务的优势，加强项目化运作和宣传推广力度，不断提升“东青之声”“东青护航”“寸草心”“阳光助残”等青年志愿服务品牌项目的知晓度和影响力。

(三)建立人才链条,培育工作骨干

切实发挥共青团的桥梁纽带作用,积极联络发动社会组织、驻区央企、域内高校以及青联委员等更多青年力量加入,推动队伍年龄架构、专业构成、文化结构不断优化;探索实施青年志愿服务人才“雁阵计划”,加强理论学习、专业技能培训和过程性指导,从组织策划、项目运作、资源链接等方面加强青年志愿服务工作骨干培训锻炼,挖掘使用青少年事务社工、社会组织负责人、具备经验的公益者等具备一定志愿服务理论能力和丰富实践经验的培训师资,为青年志愿服务规范化、专业化、常态化发展提供人才支持。

天津海河意式风情区志愿服务实践

郑　霞　天津海河意式风情区管理委员会主任
赵　雷　天津海河意式风情区管理委员会副主任
吴一荻　天津海河意式风情区管理委员会干部

摘　要： 天津海河意式风情区着眼街区精神文明建设和基层社会治理，探索打造"社会组织＋志愿服务"服务体系，建立"意风益行"志愿服务队，通过搭平台、树项目、立制度、精管理、强服务、促发展，高标准细化完善队伍建设，高水平举办国际化活动，高质量提供专业化志愿服务，推动意风区发展实现共建共治共享，为百年历史文化街区的保护与发展注入新的活力。目前，"意风益行"在服务内容丰富度、宣传力度、激励机制等方面还存在不足，下一步将着力丰富志愿服务内容，提高社会认知度，完善志愿者激励机制，健全志愿服务助力街区发展工作体系，推动街区实现高质量发展。

关键词： 志愿服务项目　志愿服务品牌　志愿服务国际交流

天津海河意式风情区（以下简称意风区）始建于1902年，建有意大利不同时期、不同风格的历史风貌建筑一百余处，曾获评国家级旅游休闲街区等荣誉。意风区按照"在推动文化传承发展上善作善成"的重要要求，着眼街区精神文明建设和基层社会治理，探索打造"社会组织＋志愿服务"服务体系，引入社会组织"天津壹家社会工作发展中心"，建立"意风益行"志愿服务队，推出"嵌入式大学生志愿服务体系融入国际化街区发展项目"。通过搭平台、树项目、立制度、精管理、强服务、促发展，推动街区实现共建共治共享，为历史文化遗产保护与发展注入新的活力。

一　天津海河意式风情区志愿服务发展现状

(一)搭建公益平台,完善志愿服务体系

志愿服务体系建设是一个涉及多方面的综合工程,旨在提升志愿服务的质量与效率,更好地发挥志愿服务队作用,推动街区发展,促进社会和谐进步。经过多方合力探索,意风区现已逐步构建起“意风区管委会、意风区资产公司+社会组织+高校志愿者+场馆商户”联动机制,合力培育特色志愿服务项目,搭建公益平台,融入街区发展体系。

1.组建意风高校联盟

意风区管委会、意风区资产公司联合各高校成立意风区“意风益行”志愿服务队,委托天津壹家承担联盟秘书长职责,通过“校、院、人”三层沟通机制,联动清华大学、南开大学、天津大学等京津20余所高校,携手相关专业学院,招募中外大学生,提供专业志愿服务实践岗位。这些措施为街区凝聚高校力量,吸引五湖四海的大学生以志愿服务的方式“热爱求学的城市”,形成具有国际化特色的志愿服务模式提供了助力。

2.形成“1+1+N+X”服务矩阵

“1”个志愿服务综合服务中心,设在意风区管委会,为志愿者提供赋能培训和休憩空间,保障志愿服务高效开展。“1”个志愿服务站,设在游客服务中心,提供街区综合服务的同时,介绍志愿服务队工作内容,展示志愿服务成效,激励志愿者奋发作为,提高社会认知。“N”个志愿服务点,即意风区内的重点服务点位,点位根据需要动态调整。“X”个志愿服务基地,即街区内各场馆,如天津规划展览馆、梁启超故居纪念馆、曹禺剧院等,服务基地提供实践锻炼岗位,丰富志愿服务内容,促进志愿者综合素质提升。截至2024年10月,志愿者人数超2000人,其中国际留学生志愿者20余人,志愿者总计上岗服务超1000人次,服务时长超3000小时。

3. 培育特色项目

社会组织及青年志愿者领袖深度参与街区特色活动与宣传重点项目设计，以街区运营为导向制订年度志愿服务计划，从源头上匹配服务需求，促进意风区政社商旅融合发展与产教研有机融合，推动意风区商贸文旅互融互促。2024 年 3 月，街区举办"意风杯"公益创投大赛项目发布暨志愿服务项目启动仪式，吸引南开大学、天津大学、天津外国语大学等各大高校志愿服务团队负责人及优秀志愿者代表参加，征集到促进国际消费中心城市建设、文旅商融合发展、城市更新规划、风貌建筑活化、区域高质量发展等方面的多项课题项目，吸纳优秀高校团队加入街区治理，把政府主导变成共同参与，把服务对象变成工作力量，把学校课堂变成社会舞台，共同推动街区高质量发展。

（二）强化组织管理，健全志愿服务制度

"意风益行"志愿服务队由多方共同管理，管委会、意风区公司专人负责、社会组织专人派驻、选拔志愿者领袖加入，形成"核心团队"沟通渠道，建立组织化、专业化、规范化运营机制，实施项目制运营。明确志愿者权利与义务，建立健全志愿者招募、注册、培训、考核、激励、退出等制度，确保志愿服务队伍的稳定性和服务质量。

1. "规范化"精准招募人员

社会组织充分发挥专业优势，梳理街区志愿服务需求，明确招募条件，丰富招募渠道，将自荐、互荐、校荐相结合，推进供需对接，壮大队伍力量，精选核心团队。在规范高效的招募下，有专业特长的志愿者被吸纳进"意风益行"，意风心声手语志愿服务、意风声波导游讲解、意风印象采风摄影等特色项目在街区发光发热，为游客带去不一样的体验。钟书阁天津首店于 2024 年 9 月 30 日亮相意风区，在开业筹备的过程中，志愿服务队专项招募"图书档案学"专业志愿者加入钟书阁开业保障工作，协助整理上架图书近百箱，圆满完成保障任务。

2. "制度化"精细管理团队

"意风益行"志愿服务队持续强化"奉献、友爱、互助、进步"志愿精神引

领,树立项目品牌。社会组织统一设计团队标志、配置队旗、志愿服装、登记志愿服务时长,为每一个志愿者的每一次志愿服务投保意外伤害险,实行“四个制度”(即考勤制度、激励制度、培训制度和档案管理制度),实现双数字平台管理(“志愿汇”与钉钉群),通过制度化规范化管理队伍,保障学生上岗安全,规范学生行为,促进对内交流,提高团队凝聚力,促进志愿者共同提升。

3.“矩阵化”发动宣传力量

意风区管委会携手社会组织,整合宣传渠道、资源,形成宣传合力。探索建立学生端、学校端、政务端、媒体端“四位一体”宣传矩阵,引入资深媒体人志愿者,共同对志愿服务成效进行宣传。通过官方网站、社交媒体、传统媒体多平台联动,组织者、参与者、被服务者多角度传播,实现宣传效果最大化,持续扩大志愿服务项目的影响力和号召力,带动更多的大学生参与志愿服务,营造崇德向善良好氛围,助力物质文明与精神文明在街区协同发展。

(三)提升运营标准,突出志愿服务特色

“意风益行”志愿服务队以提供“专业化+国际化”服务为目标,挖掘传承街区文化特色,明确服务标准,设计培训课程,策划特色活动,着力提升服务品质。以“项目制”运营志愿服务,坚持开展“青春微光”等常态化项目,引入高校科研项目、大学生社创项目,创立“中意青年创新计划”“中意非遗工坊”等街区国际文化交流传播项目,形成项目资源库,丰富服务内容,满足街区多样服务需求。

1.针对性开展培训,优化游客体验

志愿服务队培训监督遵循“一核三元”核心理念,即以意风区为核心,融入公益化、专业化、国际化元素。开展志愿服务前,管委会、意风区公司安排场馆讲解、接待礼仪等专业培训,社会组织安排应急处置、宣传摄影等常规服务培训,助力志愿者成为合格的“意风区推介官”“天津通”以及“国际使者”。志愿服务中,社会组织做好志愿者监管,遵循“三及时”(针对高频提问及时同步答案,针对优秀做法及时普及执行,针对发现问题及时上报处理)。志愿服务后,组织社会组织及志愿者共同复盘、评优、内部完善。

2. 设计专项策划，助力文旅商融合

社会组织带领核心团队深入调研街区，挖掘街区内主体服务需求，精准定位开展专项服务。意风区管委会与清华大学中意设计创新基地签署“中意青年创新计划”合作协议。清华大学青年志愿先锋为意风区设计“意风区导览图”，开发滑板、手袋、雨伞、靠枕、水杯等意式元素特色文创产品。一系列专项策划显著提升了游客体验。组织志愿者为平行现实实景互动数字文旅项目“意风秘境”提供演出服务，辅助“悦动冰雪节”“春日旅拍季”等街区特色项目组织，邀请有特长、有兴趣的师生共同参与街区重要项目的设计、执行与落地，借助“社会组织＋志愿服务”平台，联动高校力量助力街区文旅商融合发展。

3. 举办原创活动，促进国际文化交流

志愿服务活动开展过程中，注重深度挖掘高校资源，通过与高校留学生广泛合作促进国际文化交流。联动高校留学生开展“百年文化寻访”中意文化交流活动，策划中意非遗文创工坊项目，组织中外志愿者共度中国年、中外志愿者共赴端午非遗之约等主题活动，吸引中外志愿者共同过春节、话民俗、唱昆曲、刻剪纸、制发簪、做香囊、品美食，在中外志愿者品味传统文化、体验非遗项目的同时，为国内国际游客提供更好服务。同时，也鼓舞带动青年志愿者传承中华优秀传统文化，促进国际交流，为城市历史文化遗产保护与发展注入新的活力。

（四）锻造志愿服务队伍，引领社会风尚

志愿服务不仅是对社会的回馈，更是个人成长的熔炉，以其独特的多样性和包容性，成为社会进步的重要推手。参与志愿服务的志愿者不仅能在志愿服务工作中提升本领，还能在服务中实现价值，逐步成为引领社会风尚的强大力量。

1. 注重品德教育

“意风益行”志愿服务队培训过程中，既注重服务技能的培训，又注重志愿者品德的培养。基础培训中注重运用街区如梁启超、曹禺等相关名人故事，提高志愿者讲解水平的同时，激发其爱国热情，引导青年志愿者树立正确价值

观。在应用性培训中植入德育元素,将“利他主义”志愿服务理念培养、“礼貌待人”服务礼仪训练、“主动精准”沟通能力实践以及善于发现需求等服务能力纳入工作目标,传递社会主义核心价值观,营造良好互助氛围。

2. 加强对外交流专题培训

志愿服务队培训过程中,还注重结合街区外国商户较多等区域特点,开展对外交流专题培训,加强中外青年交流,促进中华优秀传统文化的国际传播。服务工作中,志愿者及时根据游客需求,修订英文版讲解词,破除语言障碍,主动向外国游客推介意风区,分享天津故事、中国故事,做中华文化的传播者。交流活动中,给志愿者提供体验、展示、交流非遗文化的机会,帮助志愿者增强文化自信、提升民族自豪感。

3. 提升团队协作能力

志愿服务队分工明确,按照需求分为保障组、媒体宣传组和讲解组等不同组别,有助于提高工作效率,提升服务质效。保障组负责项目策划、招募令撰写发布、考勤管理和志愿服务时长补录。媒体宣传组负责撰写前宣、后宣等宣传报道稿件,对活动进行影像记录,编辑短视频。讲解组承担街区讲解工作,同时负责培训新队员。在服务中涌现的骨干队员被授权参与更重要的团队管理任务,在服务中获得项目管理经验,在帮助他人的同时有所收获,帮助青年志愿者提升个人能力。

二　天津海河意式风情区志愿服务存在的不足

(一)服务内容待丰富

目前意风区的志愿服务项目以引导咨询等基础服务为主,大型特色项目较少,专业创新性和多元化程度有待提升。教育、医疗、外语、设计等专业服务化服务项目不足,缺乏针对性。部分项目缺乏持续性和长期性,未能让志愿者充分持续发挥价值,在解决一些需要长期关注和投入的问题上力不从心,难以吸引更多潜在志愿者的参与,易造成志愿者流失。

(二)宣传力度待加强

意风区志愿服务队成立时间较短,宣传广度、深度不足,公众媒体对志愿服务队的了解度、信任度有限。部分人仅认为街区志愿服务是“免费劳动力”或“慈善行为”,而非社会发展的重要组成部分,这种观念限制了志愿服务的普及。街区及社会组织对志愿服务项目宣传不到位,参与者二次宣传力度不强,没有在学生群体中形成更大影响。

(三)激励机制不完善

激励标准不清晰,部分志愿服务项目缺乏明确的激励标准或能力提升目标,导致志愿者对付出回报没有清晰预期,影响参与的积极性。激励形式较单一,难以满足志愿者多元需求。持续性激励机制和短期激励机制没有很好融合,难以鼓励志愿者积极投入并长期坚持。

三 天津海河意式风情区志愿服务深入发展的对策建议

(一)丰富志愿服务活动内容

为进一步提升志愿服务成效,需结合游客、商户需求,不断丰富志愿服务活动内容,提高志愿服务的吸引力和影响力。一是深入调研服务对象。了解游客及街区企业单位志愿服务的具体需求,制定具有针对性的志愿者招募计划和服务计划。二是加强联盟合作沟通。结合学校安排、学生专业及意风区特色,丰富志愿服务内容,加强跨学科、跨领域的合作与交流,引入更多资源和创新思路,形成综合性强、专业度高的志愿服务项目。三是创新服务模式内容。扩大志愿者招募渠道,联合学校社团引入新活动、新技术、新理念,根据不同文化群体的特点和需求,提供更具包容性和多样性的服务内容,提高服务质量。

(二)持续提高社会认知度

为进一步增强志愿服务力量,需要通过加强宣传、选树典型等方式提高全社会对于志愿服务认可度,从而吸引更多人参与到志愿服务中来。一是加大宣传力度。利用社交媒体、传统媒体、网络平台等多种渠道加强对志愿服务项目及成效的宣传,提高公众尤其是青少年对志愿服务的认知度和参与度。二是加强对外沟通。加强与上级部门、优秀志愿服务组织交流合作,学习先进经验做法,以提高志愿服务成效,进一步提升志愿服务的社会认知度。三是积极选树典型。积极挖掘志愿服务队的先进典型事迹,通过宣传优秀志愿者和志愿服务事迹,树立榜样力量,激发志愿者参与活动热情。

(三)完善志愿服务激励机制

为吸引更多群众参与志愿服务,需要进一步完善志愿者激励机制,充分调动志愿者参与活动积极性。通过精神激励与发展激励相结合的方式,提高志愿者参与活动热情和服务成效。精神激励方面,建立志愿者荣誉体系,如设置"星级志愿者""优秀志愿者"等称号,发放意风区特色纪念品,针对先进志愿者和先进事迹通过微信公众号等平台进行宣传推广,增强志愿者的荣誉感和归属感。发展激励方面,力所能及地为志愿者提供专业培训和学习机会,提升其专业技能和综合素质。与企事业单位建立合作关系,为优秀志愿者提供实习、就业等机会。同时向学校有关部门推介优秀志愿者,争取在年度评优评先等方面优先考虑。

宁河区七里海生态保护志愿服务实践

中共天津市宁河区委社会工作部

天津市宁河区七里海生态保护志愿者联合会

摘　要： 七里海湿地作为天津古海岸与湿地国家级自然保护区的重要组成部分，具有独特的生态价值和重要的生态地位。近年来，随着生态保护意识的不断提高，七里海生态保护志愿服务蓬勃发展，为保护这片珍贵的湿地资源发挥了积极作用。作为天津唯一一家生态保护类志愿服务组织——七里海生态保护志愿者联合会的成立，将七里海生态保护志愿服务工作推向新的高度。目前，七里海生态保护志愿服务发展存在群众参与度不够高、志愿服务管理不够规范、资金支持力度较为薄弱、激励机制尚不完善等问题。为此，下一步应坚持问题导向，采取有力措施推动七里海生态保护志愿服务工作不断迈上新台阶，为保护七里海湿地的生态环境、实现区域可持续发展作出更大的贡献。

关键词： 志愿服务项目　志愿服务品牌　生态保护

七里海湿地位于天津市宁河区，是世界三大古海岸湿地之一，拥有丰富的自然资源和独特的生态景观。湿地内水域辽阔，芦苇丛生，栖息着众多珍稀濒危物种，对于维护区域生态平衡、调节气候、提供生态服务等方面具有不可替代的重要作用。1992 年 10 月，经国务院批准在此建立"天津古海岸与湿地国家级自然保护区"。生态环境志愿服务是新形势下构建现代环境治理体系、推进美丽中国建设的有力抓手，对于推动经济社会发展全面绿色转型具有重要现实意义。2021年,生态环境部等六部门联合印发《"美丽中国,我是行动者"提升公民生态文明意识行动计划(2021—2025年)》将生态环境志愿服务纳入"十四五"期间全国生态文明宣传教育重点任务进行部署。近年来,宁河区将贯彻落实"生态立区"作为宁河四条发展路径之首,全力实施七里海湿地保护修复"十大工程",积极探索志愿服务模式,把"生态所需"与"志愿服务所长"紧密结合起来,湿地生态显著提升,区域环境明显改善,成功创建为"国家生态文明建设示范区",湿地相关指标基本达到"中国气候宜居城市""中国天然氧吧"创建标准。

一 七里海生态保护志愿服务队伍建设

随着对七里海湿地生态保护的不断重视,生态保护志愿服务意识也在逐渐觉醒。2010年左右,一些热爱自然、关心生态环境的志愿者自发组织开展环保活动。随着时间的推移,越来越多的人加入志愿服务队伍,志愿服务活动的规模和影响力不断扩大。2024年4月28日,天津唯一一家生态保护类志愿服务组织——七里海生态保护志愿者联合会正式揭牌,截至2024年12月,有会员210余名。联合会的成立旨在推动七里海生态保护志愿服务工作,动员全社会参与生态文明建设,标志着七里海生态保护志愿服务进入了一个新的发展阶段。

七里海生态保护志愿服务力量主要由当地居民、学生、政府机关、社会组织和企业五部分组成:当地居民志愿者对七里海湿地有着深厚的感情,熟悉当地的生态环境,积极参与湿地保护和环境整治等志愿服务活动。学生志愿者以中国民航大学宁河校区的学生为主,积极参与生态保护志愿服务,通过生态研学等活动,提高生态保护意识,传播生态理念。政府机关志愿者主要表现在七里海周边政府工作人员组成的七小海志愿服务队、初心满淮志愿服务队、海韵潘庄志愿服务队、俵口方舟志愿服务队、执甲护绿志愿服务队5支志愿服务队。社会组织志愿者包括鸟类爱好者、摄影爱好者等志愿者,他们发挥专业优势,为七里海生态保护提供技术支持和志愿服务。企业志愿者包含天津宁河七里海河蟹产业有限公司等在内的企业积极履行社会责任，组织员工参与七里海生态保护志愿服务活动，为湿地保护贡献力量。

二　七里海生态保护志愿服务主要内容

（一）开展生态宣讲志愿服务

生态宣讲志愿服务是传播生态理念的重要途径。七里海生态保护志愿者联合会组织志愿者深入学校、社区、企业等场所，截至 2024 年 12 月，开展形式多样的生态宣讲活动共计 15 场。通过举办生态讲座、发放宣传资料、播放生态纪录片等方式，向公众普及七里海的生态价值、生态保护的重要性以及生态保护的方法和技巧。

联合会在学校开展生态教育进校园活动，为学生举办生态讲座，介绍七里海的生态环境和生物多样性。通过生动有趣的图片、视频和故事，激发学生们对自然的热爱和保护生态环境的意识。同时，志愿者与学生一起参加课外生态实践活动，如植树造林、垃圾分类等，让学生们在实践中体验生态保护的重要性。

联合会深入社区，以宣讲为主，遍及芦台街道、桥北街道等 20 余个社区。志愿者为居民发放宣传资料，介绍七里海的生态保护现状和面临的挑战。通过组织开展生态知识问答、环保手工制作等活动，提高居民的生态保护意识和环保行动能力。同时，组织居民参加生态志愿服务活动，如清理垃圾、拒绝食用野生动物宣讲等，让他们在行动中为七里海的生态保护贡献自己的力量。

近年来，七里海周边村庄已全部搬迁，周边只有鱼蟹养殖等相关企业，作为七里海周边企业员工，更要了解更多七里海环境保护的相关内容。联合会为这些企业员工们举办生态讲座，介绍七里海的生态保护对企业发展的重要意义。通过案例分析、经验分享等方式，引导企业员工们树立绿色发展理念，积极参与生态保护行动。同时组织企业员工参加节能减排、资源回收利用等生态志愿服务活动，让他们在行动中为企业的可持续发展和七里海的生态保护作出贡献。

为推动宣讲队伍系统化、专业化水平,统筹区、镇、村三级科普志愿服务队伍和七里海生态保护志愿者联合会,创新推出以专职科普宣讲员为主体,离退休干部、专家学者等兼职宣讲员为补充的七里海湿地科普宣讲团,构建由专家引领、科技工作者指导、科普志愿者广泛参与的科普队伍体系,并建立专业化培训体系,不断提高科普队伍综合素质和服务能力,强力保障湿地科普传播体系建设。

(二)开展清理垃圾等生态环保志愿服务

生态环保志愿服务是守护湿地美景的重要手段。七里海生态保护志愿者联合会组织志愿者开展形式多样的生态环保活动,如清理垃圾、保护野生动物、植树造林等。通过这些活动,不仅可以美化七里海的生态环境,还可以提高志愿者和公众的生态保护意识和环保行动能力。

清理垃圾是生态环保志愿服务的重要内容。联合会立足实际,建立志愿服务活动安排日程表,将每周日确定为“护海行动”活动日,召集七小海志愿服务队在内的五支志愿服务队到七里海周边开展环境整治活动,保持湿地的清洁和美观。2024 年 8 月,联合会积极与宁河区志愿服务协会携手合作,共同投身宁河区“烟头不落地 · 宁河更美丽”环境保护志愿服务活动。此次活动聚焦七里海周边区域,大力开展烟头整治大行动。众多志愿者们不畏酷暑,认真细致地在七里海周边的各个角落进行搜寻,捡拾那些被随意丢弃的小烟头。他们以实际行动践行环保理念,为打造更加美丽整洁的七里海周边环境贡献着自己的力量。

在七里海大道开展保护野生动物宣讲活动。通过活动引导公众养成文明旅游、爱护环境的良好习惯,向公众普及野生动物保护的知识和法律法规。同时,组织志愿者对七里海周边的野生动物进行监测和保护,及时发现和处理野生动物受伤、受困等情况。

植树造林是生态环保志愿服务必不可少的内容。联合会组织志愿者在七里海周边开展植树造林活动,增加湿地的植被覆盖率,改善生态环境,同时引导公众树立绿色发展理念,积极参与植树造林活动。

(三)开展生态研学志愿服务

七里海生态保护志愿者联合会组织志愿者们走进七里海湿地,通过实地观察、专家讲解等形式,了解湿地生态系统、生物多样性等知识,提高生态保护意识和科学素养。

宁河区在永续保护好七里海湿地的基础上,创新打造七里海国际科考研学基地和“七里海科考研学路”项目。这是七里海湿地自实施修复保护工作7年时间以来,首次限时限流限地向社会揭开神秘面纱。“七里海科考研学路”全长6千米,包含“原来七里海”“寻找麋鹿”“遇见候鸟”“海棠林”“桃花林”“护鸟归巢”“苇海艺术”等点位,通过研学体验方式,见证七里海七年来生态修复保护的成效。2024年4月4日,七里海科考研学暨春日飞鸟季活动在宁河区七里海湿地举行。近200名摄影师志愿者齐聚七里海,体验“七里海湿地科考研学路”,共赴生态之约、共赏湿地美景、共筑生态安全,助力科考研学的完善与发展。

通过生态考察、科普讲座、自然体验等形式多样的生态研学活动,可以让公众更好地了解七里海的生态环境和生物多样性、生态价值和保护意义,并不断提高其科学素养和生态保护意识。此外,这些研学活动也可以为七里海的生态保护提供科学依据,还可以让公众更好地了解七里海的自然之美。

(四)开展生态党课志愿服务

将生态保护与党课相结合,弘扬生态责任。通过开展生态党课活动,向党员干部宣传生态保护的重要性,提高党员干部的生态意识和责任感,发挥党员干部在生态保护中的先锋模范作用。

党员干部是生态保护的中坚力量,更应该以身作则,积极践行生态保护理念,在环境保护中发挥模范带头作用。他们应将生态责任扛在肩上,以实际行动引领广大群众共同参与生态保护。通过参与生态党课,党员干部们深刻认识到生态保护的重要性,不断提升自身的生态意识和责任感。积极传播生态保护知识,倡导绿色生活方式,推动形成全社会共同参与生态保护的良好氛围。

生态主题党日活动是生态党课志愿服务的一个重要内容,是将“志愿服务+党建”融合的一个重要途径。组织党员志愿者开展“徒步七里海”“护海”行动等生态主题党日活动,让党员干部们亲身感受七里海的生态之美,增强党员干部们的生态保护意识和责任感。七里海志愿者联合会联合区政协、区生态环境局等多部门、多单位共同开展“守护湿地环境　助力生态文明”系列志愿服务党日活动,截至 2024 年 12 月,共开展活动 30 场,参与人次达 1000 余次。

三　七里海生态保护志愿服务发展存在的问题

七里海湿地作为国家级自然保护区,具有重要的生态价值。生态保护志愿服务在七里海的保护中发挥着重要作用,但目前也存在诸多问题。

(一)群众参与度不够高

虽然宁河区近年来大力推广生态志愿服务,但因活动会受地域、人员等多方面的影响,活动并未覆盖宁河区的每个角落,能真正参与生态志愿服务活动的群众也有限,仍有一部分市民从未参加过生态志愿服务,甚至并不知晓生态志愿服务。一方面,许多居民对七里海生态保护的认识较为局限,仅仅将其视为一个自然景观,未能深刻理解其生态价值以及其面临的威胁。群众没有意识到自己在生态保护中可以发挥的作用,缺乏主动参与志愿服务的动力。另一方面,宣传力度不足也是导致社会参与度不高的重要原因。目前的宣传方式和渠道较为单一,未能有效地将志愿服务的信息传递给更广泛的人群。例如,传统的宣传海报、传单等形式在信息传播速度和覆盖面方面存在局限性,而新媒体平台的运用不够充分,无法吸引年轻群体的关注。并且七里海湿地地理位置距离天津市中心城区较远,交通不便,这给志愿者动员招募造成很大的阻碍。

(二)志愿服务管理不够规范

由于七里海生态保护志愿者联合会成立时间较短,有关七里海生态保护志愿服务的管理制度还存在诸多不完善之处。在志愿者招募方面,缺乏明确的标准和流程,导致招募到的志愿者素质参差不齐,有些志愿者可能缺乏必要的生态保护知识和技能,无法有效地开展志愿服务活动;在培训方面,系统的培训体系暂未建立,无法为志愿者提供全面、专业的培训,影响志愿者的服务质量和效果;在管理方面,缺乏有效的监督和评估机制,无法对志愿服务活动进行及时的反馈和改进。此外,对于志愿者的权益保障也不够完善,可能使得志愿者在参与活动过程中遇到问题时无法得到及时有效的解决。

(三)资金支持力度较为薄弱

七里海生态保护志愿服务资金主要来源于政府拨款和社会捐赠,但资金来源单一,金额有限。政府拨款往往受到财政预算的限制,无法满足志愿服务活动的全部需求。而社会捐赠的不确定性较大,难以保证资金的稳定供应。此外,吸引社会捐赠的能力也有限,单一的资金来源使得志愿服务活动在开展过程中常常面临资金短缺的问题,这将极大地影响活动的规模和效果。当前,七里海生态保护志愿服务缺乏可持续的资金支持机制,资金的稳定性和可持续性无法得到保障。同时,长期稳定的资金筹集渠道和方式尚未建立,使得志愿服务活动的开展面临很大的不确定性。一旦资金来源中断,志愿服务活动就可能无法继续进行,影响了生态保护工作的连续性和稳定性。

(四)激励机制尚不完善

目前,七里海生态保护志愿服务的激励方式主要是精神激励,如颁发荣誉证书、评选优秀志愿者等,但这种激励方式单一,缺乏物质激励和政策激励,对志愿者的吸引力不强。精神激励虽然能够在一定程度上激发志愿者的荣誉感和责任感,但对于一些志愿者来说,物质激励和政策激励可能更具有实际意义。例如,提供一定的补贴、礼品等物质奖励,可以缓解志愿者在参与活动过程中的经济压力。此外,七里海生态保护志愿服务还存在缺乏长效激励机制的问题。当前,对志愿者的激励主要是一次性的,缺乏持续性和稳定性。这可能导致志愿者的参与热情难以长期保持。一次性的激励措施只能在短期内激发志愿者的积极性,无法形成长期的激励效应。

四　七里海生态保护志愿服务高质量发展的对策建议

(一)广泛动员,加强志愿服务队伍建设

第一,加大宣传力度。通过各种媒体渠道,广泛宣传七里海生态保护志愿服务的重要意义和活动成果,提高社会公众对生态保护志愿服务的认识和重视程度。同时,积极宣传志愿者的先进事迹和奉献精神,激发社会公众参与志愿服务的热情和积极性。

第二,拓宽招募渠道。除了传统的招募方式,还可以通过互联网、社交媒体等平台,拓宽志愿者招募渠道。同时,加强与学校、企业、社会组织等的合作,建立长期的志愿者招募合作机制,吸引更多的人加入志愿服务队伍。

第三,加强培训管理。加强对志愿者的培训和管理,提高志愿者的服务能力和水平。制订科学合理的培训计划,定期组织志愿者参与培训,内容包括生态知识、服务技能、安全知识等。同时,建立健全志愿者管理机制,加强对志愿者的考核和评价,激励志愿者更好地发挥作用。

(二)因地制宜,深入开展专项志愿服务行动

第一,结合实际需求。根据七里海湿地生态保护的实际需求,深入开展专项志愿服务行动。例如,针对湿地垃圾清理、水源保护、植被恢复等问题,开展专项志愿服务活动,提高湿地的生态功能。

第二,发挥专业优势。充分发挥志愿者的专业优势,开展具有针对性的志愿服务活动。例如,组织环保专业的志愿者开展环境监测、污染治理等活动;组织生物专业的志愿者开展生物多样性保护、野生动物救助等活动。

第三,加强合作联动。加强与政府部门、企业、社会组织等的合作联动,形成合力,共同推进七里海湿地生态保护。例如,与政府部门合作,开展执法监督、政策宣传等活动;与企业合作,开展生态修复、环保技术研发等活动;与社会组织合作,开展公益宣传、志愿服务培训等活动。

(三)抓住节点,丰富生态环境志愿服务内容

第一,结合重要节日。结合世界湿地日、世界环境日、植树节等重要时间点,开展主题鲜明的生态环境志愿服务活动。例如,在世界湿地日,开展湿地保护宣传活动;在世界环境日,开展环保公益活动;在植树节,开展植树造林活动。

第二,抓住关键时期。抓住候鸟迁徙、繁殖等关键时期,开展专项志愿服务活动。例如,在候鸟迁徙期间,开展鸟类保护宣传活动;在候鸟繁殖期间,开展湿地保护巡逻活动,为候鸟创造良好的栖息环境。

第三,关注热点问题。密切关注生态环境领域的热点问题,及时开展相应的志愿服务活动。例如,针对大气污染、水污染等问题,开展环保宣传和监督活动;针对野生动物保护、生态修复等问题,开展专项志愿服务活动。

(四)规范管理,完善志愿服务激励保障机制

第一,完善管理制度。建立健全七里海生态保护志愿服务的管理制度,明确志愿者的权利和义务,规范志愿服务的流程和标准。同时,加强对志愿服务活动的监督和评估,确保志愿服务活动的质量和效果。

第二,提升管理水平。加强志愿服务管理的信息化建设,利用互联网、大数据等技术手段,提高志愿服务管理的效率和水平。同时,加强对志愿服务管理人员的培训,提高他们的管理能力和服务水平。

第三,健全激励机制。健全七里海生态保护志愿服务的激励机制,采取精神激励、物质激励和政策激励相结合的方式,提高志愿者的积极性和主动性。例如,设立志愿服务奖励基金,对表现突出的志愿者进行奖励;为优秀志愿者提供就业、创业等方面的政策支持。

第四,强化保障机制。加强对七里海生态保护志愿服务的保障措施,为志愿者提供必要的物资保障和安全保障。例如,为志愿者提供志愿服务服装、工具等物资;为志愿者购买意外伤害保险,确保志愿者的人身安全。